寻根溯源学汉字  轻松易懂又有趣

一字一世界

⑯
W–X

颜煦之 著

认识汉字·理解汉字·掌握汉字·运用汉字

湖南教育出版社

```
图书在版编目（ＣＩＰ）数据

 一字一世界. 16, W-X／颜煦之著. —长沙：湖南
教育出版社，2019.4
 ISBN 978-7-5539-6423-2

 Ⅰ.①一… Ⅱ.①颜… Ⅲ.①汉字—通俗读物 Ⅳ.
①H12-49

中国版本图书馆CIP数据核字(2018)第232508号
```

责任编辑：李　好	丛书策划：申晓华	审读统筹：申晓华
	版式设计：申曜年	责任校对：葛文艳

一字一世界　16，W-X
YI ZI YI SHIJIE　16, W-X

出版发行：湖南教育出版社
　　　　　（地址：湖南省长沙市韶山北路443号　邮编：410007）
经　　销：全国新华书店
印　　刷：北京盛通印刷股份有限公司
　　　　　（地址：北京市经济技术开发区经海三路18号）
版　　次：2019年4月第1版
印　　次：2019年4月第1次印刷
开　　本：787 mm×1092 mm　1/16
印　　张：13
字　　数：160千
定　　价：39.80元
书　　号：ISBN 978-7-5539-6423-2

序

为他人写序无数，还从来没有一次像写这个序那样踌躇，那样焦虑，那样迟迟不能下笔，一再延宕。本是一件"轻而易举"的事，却总是不能完成，几乎日日纠结在心。自己都觉得奇怪。今天，终于坐到了桌前。因为，实在不能再拖延了——那边在急切地等着发稿呢。

造成如此状况，大概是因为我和煦之先生的友情实在太深、太浓、太厚了——总想写一个对得起朋友的序，正是这番对友情的特别在意，使得自己反而一拖再拖难以落笔了。

其实，这个序写得好或坏是无所谓的，甚至可以没有这个序，因为，他做的事，白纸黑字都明明白白地摆在眼前，其价值和意义是不用人再絮叨的。写个序，只是戴个"帽子"，不至于看上去太"秃"罢了，将区区一个小序看得那样"严重"，实在没有必要。

两年前在南京与煦之先生相会，他送了我一套他著的趣谈汉字的书，厚厚四册，我当时十分吃惊。回到酒店，埋在沙发中翻看，见他做的竟然还是含了学术——甚至是很学术的事情，更是吃惊。后来，我遇见谁都会提起这套书，一说书的妙、书的趣；二说煦之先生做事总不按常规，动不动就干出出人意料的事情来。不久，与好友方国荣先生谈出版之事，听他兴致勃勃地说要做一套关于汉字与人生方向的书，便立即将煦之先生的著作介绍给他。他也吃惊不小，很快就和煦之先生联系上了，没想到煦之先生竟神奇地又成就了一套方国荣先生心中所希求的新书。

此套书共十一册，还是关于汉字的。

细想想煦之先生做成此事，其实也无令人吃惊之处。他这个人，既是性情中人，又是一个执专心的人。一旦决定做一件事了，天底下也就只有这样一件事了。雷打不动，五头大牛未必能将他拽回。若是在夏季做事，你都能想见他干活时的样子：将门关住，短裤背心，甚至赤膊上阵，宽阔的脑门子上汗津津的，短而厚的手捏住笔就不肯放下，困顿时冲冲凉水澡，拍拍胸脯，拍拍脑门，提提神，接着再干。你以为他做的事，总出乎情理，而事实上，他做事就像他的体型一般稳重，方而正。这也是他的品格。

这一回，他的事做得有点大。

汉字文化，是个大题目，是一个意义非凡的大题目。九年义务教育新课程标准已经出台，与此前课标相比，其中一条被特别强调：要使学生懂得，汉字不只是一种纯粹的书写符号，也蕴含深厚的文化。煦之先生的研究事先当然与新课标毫无关系，只是他的思考与新课标的新维度暗合了。这也许是真知灼见者的不谋而合——所谓"英雄所见略同"。这套书，无意中可成为日后学生和语文老师学习、讲解语文的难得的参考书籍。

汉字是中国人极端聪明、非凡才智的结晶。有人在拿它与种种拼音文字进行比较时，故作深刻地说拼音文字是高度抽象能力的结果，那意思是说人家的东西要比我们的技高一筹。此等说法，不免肤浅。他们将象形文字的汉字，看成了依样画葫芦式的幼稚了，殊不知它的抽象能力其实是无与伦比的。这一个个神秘的方块字，无所不能，说事说理，皆妙不可言。我们可用它最完美地叙述这个世界，也可用它阐述这个世界上最精辟的原理和哲思。它的高度活性，字与字之间的微妙差异以及组词之后的无限能力，是任何一个熟练掌握它的人都会感到惊讶的。它是"魔方"。具象与抽象的完美统一，已抵达天造地设般的境界，使人觉得它本是造物主所使用的文字，是天然的。

更妙的是，一个个字，并不只是说事说理的符号，它们自身就是有意味的，甚至是有无穷意味的，一个个都是可以加以解读和欣赏的。从它们诞生的那一刻开始，它们就负载了若干意味。它们在不断变形的过程中，还暗含了历史的变迁。到了今天，每一个字，都有它的历史。"一字一世界"，还不抽象吗？抽象程度还要多高？可它确实又是形象的，因此，它与别种文字相比，又有了一个特殊的功能：审美。

它直接产生了一门艺术：书法。

从古至今，那些书法大家，用他们各具特色的书写，为我们提供了一个丰富的艺术世界。这个世界陶冶了中国人的性情，提升了中国人的生命境界。

煦之先生对汉字的认识价值和审美价值的理解与分析，就在这十一册书中。

写到此处，我忽然想起两件事来。一件是，好几年前，有个思维独特的年轻人四处奔走，并到处分发传单，说他经过长时间的研究发现，以英语为代表的拼音文字，其实也是一种象形文字。可是没有一个专家理会他。现在，这个年轻人不知到哪里去了，不知是否还在坚持他的"异端邪说"、继续他的"荒唐"研究。另一件是，一个大规模的制作和推广英语电子词典的公司的老板，向我展示了他的研究成果。他的研究成果与那个年轻人的结论一致，只是更加学理化：英语，也是一种象形文字。他当场向我解读了一个个英语单词，告诉我它们都是"象形的"。这个老板是学英语出身的，我当然不敢苟同他们的看法。但这两件事，倒使我看到了一个认识上的变化：作为象形文字的汉字，倒成了人家比附的文字了。

进入汉字魔方吧，其乐无穷。

2014年11月1日于北京大学蓝旗营小区

曹文轩，当代著名作家，精擅儿童文学，任北京作家协会副主席，北京大学教授，现当代文学博士生导师，儿童文学委员会委员，中国作家协会鲁迅文学院客座教授，是中国少年写作的积极倡导者、推动者。主要文学作品有《山羊不吃天堂草》《草房子》《天瓢》《红瓦》《根鸟》《细米》《青铜葵花》《大王书》等。

自序

当你拿起这本书，翻到这一面，我们就算有了一面之交。我很想拉着你的手，跟你聊两句。不多，就这么几句。

我这人一生与书有缘：读书、教书、编书、写书、出书、卖书、藏书……虽然如此，而今我却还是常读错字、写错字、用错字，还有很多不认识的字。究其原因，跟自己菲才寡学、天资愚钝有关。另外，恐怕跟汉字既多又难认难记有关。

汉字大约有十万个，常用的虽然只有三千来个，但要记住却非易事。据说，外国人把最难办的事说成"这比学汉字还难"。正因为此，近几十年来，国家成立专门机构，搞汉语拼音和汉字简化。

如今，全球有数千万"老外"学汉语，加上母语为中文的华人，使用汉字的多达十四亿人。怎样让这么多人轻松愉快地学汉字，是件十分有意义的事。我愿为此稍尽绵薄，所以编写了这本书。

汉字，是世界文化的明珠，是中华民族的骄傲。汉字，是先民们历经数千年，把对自然和社会的认识，巧妙地移植到一笔一画上而形成的。汉字，源远流长，魅力无穷，超群绝伦，华夏儿女应该发扬继承。

汉字，不仅仅是符号。对汉字，光凭眼睛看是不够的，形、音、义三位一体，那得细细品味，慢慢咀嚼，才能品出味儿来。有些字，是一幅生动的图画；有些字，是一个有趣的故事；有些字是一段复杂的历史；有些字，说的是生活常理；有些字，谈的是科学道理；有些字，讲的是深刻的哲理。每一个字，都值得我们欣赏、品味和探讨。若三五同好，聚在一起，谈古说今，咬文嚼字，得其三昧，那真是其乐无穷。

前人和当今有识之士，对汉字做了大量深入的研究，著述浩如烟海，硕果累累。作为门外汉，我不揣冒昧，也挤将进来，凑个热闹。

我将两千多个常用字，以科学分析和有趣故事相结合的方式，编写成这套书。我所讲解的每一个字，分为前后两部分。前半部分，我将这个字的形成、演变过程以及字形、字义、读音作简要介绍。凡此，仁者、智者，各有见解。我博采众长，或综合为一，或分别罗列，任君选择。后半部分，我以小故事等形式，更形象、更生动地来解释这个字的形、音、义。我不仅讲这个字的用法，而且讲这个字的结构特征，讲这个字笔画的用意，讲这个字和相似字之间的区别。我还特别注意解释字的读音，以便区别这个字与其它谐音字之间的区别与联系。我讲了两千多个汉字故事，与这些故事相关联的汉字有六千多个，几乎包括了所有的常用字。这便是字中有字，这才是真正的汉字故事。

顺便说一句，这里的故事，有些是我的创作；有些是据资料编写；有些是来自民间的汉字俗解。其中有些内容，"俗文学"也罢，荒诞也罢，读者朋友切莫当真。你尽可把先贤们的论著当作学术理论，把我这儿写的，权且当作插科打诨。因为我的目的很简单，我只是想通过这些小故事、小笑话，以及诗词、对联、谜语、民歌、童谣、字谜、谐音、测字、解字、解梦、避讳这些形式，加上奇闻轶事、文坛掌故……以此搭座桥、凑个趣，使朋友们认识这些字，辨别这些字，掌握这些字，记住这些字。

我愿把这套书，献给对汉字情有独钟的朋友。让大家在茶余饭后，有个谈笑的话题。这种话题，雅俗共赏。

我愿把这套书，献给学汉字的外国朋友。让他们更多地了解汉字的丰富多彩。愿他们在轻松愉悦中掌握汉字。

我愿把这套书，献给青少年朋友们。让他们在课外阅读时，带着笑脸，品味每一个字的结构和内涵。

我愿把这套书，献给我的教师同行们，为他们在备课时提供点资料，使他们在讲课时增加点情趣，让他们在课堂上引发出阵阵欢笑声，使孩子们在寓教于乐中理解汉字的博大精深。

当你手捧这一套沉甸甸的《一字一世界》时，我要深情地向你介绍为这套书的出版作出不懈努力的至爱亲朋。首先要说的是我的出版人申晓华先生。他不辞辛劳，担当风险，近十年来不离不弃，专注于此书的出版发行。好友曹文轩先生，热情为这套书作序，为这套书增光添彩。资深编审王林军先生，是这套书第一版的责任编辑，他为这套书奠定了基础。著名画家、装帧设计家朱成梁先生，为这套书的第一版，设计了精美的封面和版式。著名漫画家何天卫先生和叶霆先生，为这套书提供了大量生动活泼的插图和图案。著名儿童文学家方国荣先生，为这套书的第二版出版，作出了不懈的努力。这套书由第一版的七百余汉字故事，增补为两千余故事，经历了十多年的艰辛创作，其间幸有编审谢芳女士，著名汉字研究专家唐汉先生，古典文学博士陈光先生，著名青年书法家陈义望先生……他们参与了这套书的审读、修订和把关，指出了书中的不足和差错，保证了这套书的出版质量。因为这套书讲的是汉字知识，出版社是以辞书的标准来保证这套书的质量的。

图书出版，是很难完美无缺的，总会留下一些缺憾。这套《一字一世界》也概莫能外。我壮志不已，耕耘不辍，仍在收集汉字故事，愿继续努力，将三千多常用汉字，都配上生动有趣的故事，编成一本既可当字典，又可当故事的"阅读字典"，以供读者朋友们赏阅。

说到读者朋友，我激动不已，感慨万千。自该书出版十多年来，因书中有我留下的手机号码，我先后收到一百余位读者来电。有的指出差错，有的提出建议，有的给予鼓励，有的提供故事，有的只讲了几句：感谢你，继续努力……

我决不辜负读者朋友的厚爱，再接再厉，使这套书日臻完善。如你购得此书，那我们也就心灵沟通，成为志同道合的文友。君不闻，前世修得八百次回眸，今生方得一次擦肩而过。你我有缘，你才翻阅此书。以书会友，是我三生有幸。

如蒙赐教，请记住我的手机号码：13705181009。我当洗耳恭听。

感谢你阅读此文！
感谢你阅读这套书！

二零一九年三月
于南京长江大桥堍

目录

W

鸟颈上的羽毛——翁 / 白发老"翁"挑白菜 …………… 2

装酒等用的瓦器——瓮 / 以"瓮"当招牌 …………… 4

鸟兽鱼虫的巢穴——窝 / 暖和的"毛窝子" …………… 6

击打武器口喊哦的我 / "我"喜欢 …………… 8

有眼无珠的乌 / "乌"字只欠一点墨 …………… 10

不干净的水是污水 / 捞油水吃大亏——污 …………… 12

跳舞给神看的巫师 / 来客多横缺两头——巫 …………… 14

人到这儿居住的屋 / 四个秀才行酒令——屋 …………… 16

手舞足蹈和一无所有 / "无"字改"有"救得一命 …… 18

第一人称表示我——吾 / 此人已从衙门出行——吾 …… 20

制陶发源地——吴 / 无"口"为"天"有"口"为"吴" …… 22

毒虫蜈蚣 / "蜈"蚣飞天能食龙 …………… 24

纵横交错——五 / "五"月黄梅天 …………… 26

舂米用的木杵——午 / 牛字不出头——午 …………… 28

古代军队编制五人为伍 / 章太炎送"伍"廷芳挽联 …… 30

用武力制止武力 / 一代无人——武 …………… 32

学会人发言的鹦鹉 / 武则天夜梦鹦武——鹉 …………… 34

手持牛尾在跳舞／无梅村求雨——舞 …………… 36

说大话会犯错误／总是跟在"错"字后面——误 ……… 38

因我理解而醒悟／语文课上的数学题——悟 …………… 40

用热的接触凉的——焐／我给外婆"焐"被窝 …………… 42

X

跟鸟巢相似的西／西水关茶楼议"西"字 …………… 46

针线交错的织物——希／寄"希"望于未来 …………… 48

日子像水流过——昔／二十一日——昔 …………… 50

用斧劈开木柴——析／"析"和"赏奇析疑" ………… 52

用心辨别知详尽——悉／"悉"与"悉心" …………… 54

走在小路上——蹊／"蹊"和"下自成蹊" ………… 56

禾苗种得稀疏／"稀瓜"和"西瓜" …………… 58

皮厚粗壮的独角犀牛／为崇祯皇帝测生死——犀 ……… 60

易熔的金属元素——锡／阎"锡"山游无锡锡山 ……… 62

暴晒使其干燥——熙／不沾康"熙"大帝的光 ……… 64

大腿小腿相连处的膝盖／"膝"和"奴颜婢膝" ……… 66

气舒展而出——羲／秀士仗"羲"致干戈 …………… 68

小鸟学习飞翔／君臣四人说"习"字 …………… 70

供坐卧用的席子／"割席""避席""宴席""筵席" …… 72

双脚在路上走——徙／没个正经人——徙 …………… 74

鼓声表达喜悦／"喜"字三解 …………… 76

舞枪弄棒做游戏／老导演说"戏"字 …………… 78

丝和囟门都很细微 / 杜甫淡笔改三字——细 ………… 80

蛤蟆青蛙和虾 / 落汤"虾"子着红衫 …………… 82

害眼睛而失盲——瞎 / 是"虾",不是"瞎"啊 ……… 84

武艺强助弱者的侠客 / "侠"士有志 …………… 86

日光下的赤色云——霞 / 落"霞"与孤鹜如何齐飞 …… 88

位置在低处——下 / "下"和"不耻下问" ………… 90

显得很热——夏 / 春"夏"秋冬 ………………… 92

人到山上成了仙 / 人在山中——仙 ……………… 94

走在别人前面——先 / 朱"先"生三个牛头 ………… 96

羊肉鱼肉味道鲜美 / 兄妹俩猜字谜——鲜 ………… 98

门内有棵树——闲 / 短诗一首——闲 …………… 100

德才兼备的贤人 / 一毛不拔的"圣贤愁" …………… 102

像盐的味道——咸 / "咸"蛋切开弄两叶 …………… 104

对人事不满怀疑——嫌 / 孝子"嫌"孙 …………… 106

头部装饰很明显 / 朱元璋解梦定状元——显 ……… 108

山高陡峭难行——险 / 此事有风险 ………………… 110

用绳倒挂人头——县 / "县"字的起源与变化 ……… 112

玉石的光彩——现 / "王"先生求"见"——现 …… 114

扭头看山被山挡——限 / "限"和"户限为穿" …… 116

用棉麻丝制成的细线 / 践约一半——线 …………… 118

目光能直见其害——宪 / 洪宪变洪害——宪 ……… 120

烹制狗肉作祭品——献 / 向南寻猎犬——献 ……… 122

谷物成熟散发香气／苗儿安家太阳上——香 ………… 124

两岸相望难相往——湘／刘高参妙说"湘"字 ……… 126

两个解衣同耕田——襄／"襄"阳考生说长春 ……… 128

集体聚餐由飨变乡／"乡"下见不到"郎" …………… 130

神所示的吉祥征兆／避"暑"山庄地址不"祥" …… 132

献祭品于宗庙供神享用／这种福老父所享 ………… 134

家乡的声音——响／"响"与"绝响" ……………… 136

心里有所思索——想／富贵无心想 ………………… 138

脖子后部的颈项／望其"项"背追得上 …………… 140

长鼻子大象／龟为首，豕为身——象 ……………… 142

按照人物做的图像／沐猴而冠——像 ……………… 144

用眼睛察看树木——相／倒霉的术士测"相"字 … 146

鸟头挂木上示众——枭／"枭"首示众 ……………… 148

夜晚——宵夜／"元宵"改名为"汤圆" …………… 150

含有香味的植物——萧／草中肃—— 萧 ………… 152

四周众口喧哗——嚣／"嚣"与"叫嚣" …………… 154

细碎的尘沙微粒——小／"小"村小店小本小利 … 156

太阳升高了——晓／读儿歌辨字义——晓 ………… 158

十分相似的肖像画／"弗肖"与"弗笑" …………… 160

子女侍奉父母——孝／社会学家讲"孝道" ……… 162

像竹子前仰后合——笑／"犬"字头上加竹——笑 … 164

举鞭教子照样学——效／"效"忠朝廷缺文才 …… 166

共同合作　齐心协力 / 协作会上说"协"字 …………… 168

歪斜不正——邪 / 正月不买鞋——邪 ……………… 170

用斗舀出——斜 / "佘"斗成"斜" ………………… 172

意见相同很和谐 / 人人都可以说话——谐 …………… 174

用手拉着——携 / 上推下扔难成秀才——携 ………… 176

用兽皮制作的鞋 / 猜谜结良缘——鞋 ………………… 178

将物移至屋下——写 / "写"字与绘画 ……………… 180

水满往外流——泄 / 妙析"泄"字 …………………… 182

用言语诚恳谢罪 / 身在讨论之中——谢 ……………… 184

甲壳类节肢动物——蟹 / 龟圆鳖扁"蟹"无头 ……… 186

人的心脏 / 一钩残月带三星——心 …………………… 188

尖端锐利的刑刀——辛 / 六十一上人——辛 ………… 190

边砍柴边张口笑——欣 / 为人处事，不欠斤两——欣　192

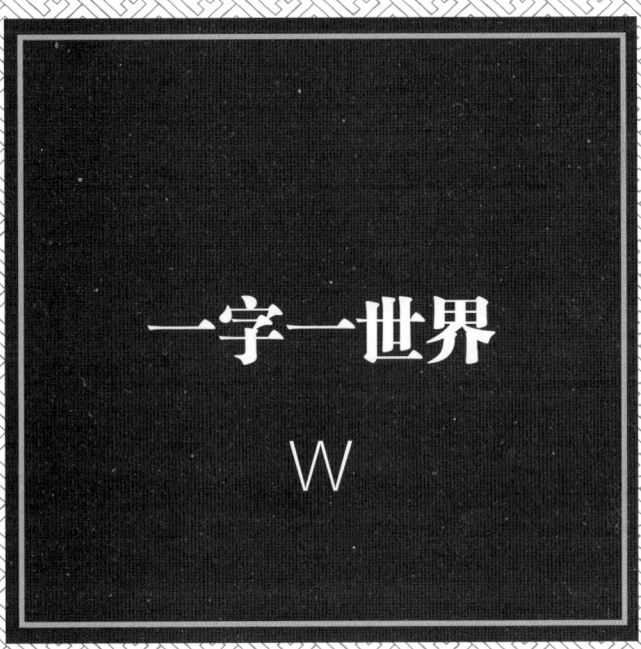

鸟颈上的羽毛——翁

wēng
翁

小篆的"翁"字是个上下结构的形声字兼会意字。下面的"羽"字是形符,表示跟鸟类的羽毛有关。上面的"公"字读"gōng",作声符并会意。

"公"字与"羽"字组合,指"鸟颈子上的羽毛"。因指的是鸟儿颈子上的羽毛,所以古人用"羽"字作"翁"字的形符。

古人为什么用"公"字作"翁"字的声符呢?

"公"字是对老者与长者的尊称,属敬词,有"居于上位"之义。鸟儿颈部的毛在鸟的身体上部,在头颈之间,也是居于上位,所以古人用"公"字作"翁"字的声符。

楷书的"翁"字由小篆演变而来,写作"翁"。

"翁"字的本义指"鸟颈上一圈浓密的毛"。

"翁"字由本义假借指"父亲",如:"我的父亲"称"吾翁","你的父亲"称"乃翁"。

"翁"字由本义又引申指"丈夫的父亲或妻子的父亲"。如:"丈夫的父亲"称"翁姑"(公公和婆婆);"妻子的父亲"称"翁婿"(岳父和女婿)。

"翁"字也泛指"男性老年人",如:富翁、老翁、渔翁。"塞翁失马"中的"翁"指"边境的老年人"。

翁 小篆

翁 隶书

翁 楷书

白发老"翁"挑白菜

福建山区有个小县城,明朝洪武年间,朝廷任命了一位新科进士到这儿当县令,此人名叫陈苏,年富力强,学识渊博,为人正派。上任后,他把科考落榜的同窗好友刘宗元送回到县衙当文书,两人同心协力,兢兢业业,把小县城管理得井井有条,县民们交口称赞。

一个春光明媚的假日,两人难得如此宽松,便出了城门,到不远处的白马山和青龙涧去游览。上任一年多,他俩还不曾来过这里呢。

两人边走边谈边看风景,还不忘吟诗作对。陈苏见白马山脚下有一位白发老翁,肩挑一担白菜,正健步走来。他触景生情,吟道:

白马山下白发老翁挑白菜。

这上联连用三个"白"字,叙述了眼前景象。

刘宗元听罢,低头沉思寻找下联词句。默默走了一会,只听前面流水哗哗,欢声笑语,转过山角,青龙涧就在眼前,一群妇女在有说有笑地洗衣裳。刘宗元立即对道:

青龙涧里青年妇女洗青衣

这下联连用三个"青"字,与上联"白"字相对。陈苏自我批评道:"我的上联出得平庸,害得下联也难以出采。我们重来一次。"他指指眼前笔直的大道说:

一条大道通南北。

刘宗元望着道路两旁的几家小店铺说:

两边小店卖东西。

刘宗元吟罢,自我解嘲道:"游戏之作,自娱自乐耳,要成传世名联,你我不知还要下多大功夫呢。"

陈苏见路边有家小酒馆,拉着刘宗元道:"也罢,进去喝两盏,来个行酒令。"

一字一世界

装酒等用的瓦器——瓮

wèng
瓮

　　小篆的"瓮"字是个上下结构的形声字兼会意字，本来写作"罋"。上面的"雍"字读"yōng"，作声符并会意。下面的"瓦"字作形符，表示跟瓦器有关。

　　"瓦"字与"雍"字组合，指"装酒等用的瓦器"。因是指的装酒等用的瓦器，所以古人用"瓦"字作"罋"字的形符。

　　古人为什么用"雍"字作"罋"字的声符呢？

　　古代的"雍"字，有"鸟鸣婉转"之义，也有"壅塞"之义。壅塞就堵水，所以又有"积水、聚"的意思。瓮把酒等液体聚在一起，这跟"雍"字的字义有相连接之处，所以古人用"雍"字作"罋"字的声符。

　　以上说法虽有些勉强，但也可看作是依据。楷书的字形由小篆演变而来，写作"罋"，1955年作为异体字被淘汰。"瓮"是楷书的规范写法。"瓮"字的本义指"用陶土制作的口小腹大的容器"，如：酒瓮、菜瓮、水瓮、瓮城。还有瓮中捉鳖、请君入瓮、瓮声瓮器等词语。

小篆

瓮
隶书

瓮
楷书

以"瓮"当招牌

清朝乾隆年间,镇江大市口有位赵秀才,因屡试不第,便弃文从商,在繁华的市中心开了家专门卖酒的酒馆。

为此,赵秀才摆下一桌筵席,将镇江城内文才出众的秀才们都请来,请他们出点子、写店牌。

秀才们酒足饭饱后,德高望重的吴秀才当仁不让,挥笔写下"此处有好酒出售"七个大字,建议将此制成店牌竖在店门口,或制成条幅,挂在店外。

王秀才是位心直口快的人,他当即指出:"招牌贵在简洁明快,何必这么啰嗦呢?这七个字中开头的'此处'二字就嫌多余。到了这儿便是'此处',还用说吗?应将'此处'二字删去!"

众人赞同。李秀才却说:"还嫌啰嗦!剩下'有好酒出售'的'有'字不是废话吗?没好酒怎么开酒店?此字省去,'好酒出售',一目了然!"

张秀才摇头道:"酒的好坏,要品尝后方知分晓,你自称好酒,有自吹自擂、自卖自夸之嫌,倒不如君子坦荡荡,大胆地说'出售酒'!"

周秀才忍不住地说:"依我之见,干脆就写个'酒'字,更显得耀眼夺目!"

众人听了,都拍手叫好。这时,胡秀才发话了:"依我看,一不做,二不休,干脆一个字也不用写,在店门口建个座台,上面放个特制的大酒瓮,瓮上烧制个'酒'字,这酒瓮就是个招牌,岂不更好?"

众人听罢,又是一片叫好声。卖酒嘛,只要一看酒瓮就知道,何必写什么招牌呢?于是,赵秀才的店门口就放了一个特制的大瓮,上有一个金黄的"酒"字,以此为店招牌。

据说,这百年老店,一直保持这个传统,一字不着,就以酒瓮作招牌,成了这酒馆的特色。

此事从今日观点看,也不能当作笑话。古人几百年前有此创意,也不失为一个金点子啊。

鸟兽鱼虫的巢穴——窝

wō
窝

小篆
窝

隶书
窝

楷书
窝

　　古代的"窝"字，是个上下结构的形声字兼会意字。上面的"穴"字是形符，表示跟洞穴有关。下面的"呙"字是声符，读"wāi"。也有人认为应该读"guō"。这两个字形合在一起，指"鸟兽、昆虫的巢穴"。

　　古人为什么用"呙"字作"窝"字的声符呢？

　　"呙"字在古代是个形声字，上面是"口"，表示跟嘴巴有关。下面的字形是"骨"字的上半部，作声符，读作"guǎ"。"呙"字的本义指"嘴巴歪斜"，此义后来写作"歪"，"呙"字专门用作姓氏。古人取其"歪斜"这个字义，用在"窝"字上。因为鸟兽的巢穴，为防风雨的直接侵袭，它的入口处大多是歪斜的，所以"窝"字用"呙"字作声符并会意。

　　"窝"字的本义指"鸟兽、昆虫的巢穴"，如：狗窝、蚁窝、鸟窝、蜂窝、燕窝、狼窝、鸡窝等等。

　　"窝"字由本义引申指"人居住、占据或聚集的地方"，如：安乐窝、不要往人窝里扎、挪个窝。

　　"窝"字由"鸟兽之窝"又引申指"坏人聚集的地方"，如：土匪窝、贼窝、窝藏、窝赃、窝主。

　　因为洞穴一般都洼陷下去，所以又引申指"洼陷的地方"，如：炮弹窝、胳肢窝、酒窝。

　　"窝"字由本义还引申指"简陋的小屋"或"睡具"，如：窝棚、窝铺、被窝。

　　由于"窝"一般狭小，不宽敞，在窝里不能舒展，所以又引申指"弯曲、弄弯"，如：把铁丝窝成一圈，把衣服窝成一团。由此又引申指"郁积在心，不能发作"，如：窝火、窝心、窝工。

　　"窝"字也作量词用，如：一窝蜂、一窝风、一窝小猪。

暖和的"毛窝子"

梁溪谜语研究会的活动，可算是风雨无阻，雷打不动。今日数九寒冬，大雪纷飞，众人进门坐下，老马迫不及待地说："穿上毛窝子，我想到个字谜，你们猜猜看。'穴里有口，口内有火，进去以后，暖和暖和。'"

小陶说："这还用猜吗？明摆着是个'窝'字。"

老马说："字谜概括得深刻、精辟、艺术。但要说对这'窝'字有深刻的感受，还得听我的呢！"

马汉文指指老母亲说："儿时住在苏北阜宁舅舅家，一天下大雪，有位瘦弱的母亲，背着个孩子来讨饭，这孩子光着脚，脚趾冻烂了。我母亲扯了块布给他裹起来，又脱掉我的棉鞋和袜子，套到那孩子脚上。我的四舅舅是个能工巧匠，他很快用秋天备下的芦苇花，加上布条、茅草，为我打了个毛窝子，下面还安装了块厚木板，脚伸进去，暖和和的，比穿棉鞋还舒服。走起路来，不怕冰、不怕雪，还觉得长高了一截，这让我快乐了好几天。我今日之所以对人有同情心，愿意给人以温暖，就是从穿毛窝子开始的，是我的老母亲教我的。"说罢，他深情地看了看坐在身旁的老母亲。

老马对毛窝子情有独钟。据他考证，"毛窝子"是苏北人的叫法，南京人也这样叫。有的人写作"茅窝子"，这跟用茅草有关。苏南人把这种鞋称为"芦花靴"。"靴（xuē）"与"鞋"是一个意思，靴子是鞋帮呈高筒状的鞋。苏北人称"毛窝子"，这比苏南人称"芦花靴"要准确，关键就在于"窝"字。因为"窝"字突出了这种鞋的特点——保暖。为什么保暖？正如"窝"字所表示的，它能挡风遮雨。为什么能挡风遮雨？因为"毛窝子"前端有空档，空档里是空气，起到保暖的作用，脚伸到这窝里，跟睡在被窝里似的。无锡人把"家里"称作"窝里"，而偏偏把"毛窝子"称作"芦花靴"，有点儿失策了。

四川人把棉鞋称作"窝窝鞋"，看中的也是"窝"字里有"保暖"这层意思。在座的朋友们，都赞同老马的见解。

一字一世界

击打武器口喊哦的我

"我"是第一人称，表示自称，指"自己"。

对"我"字有几种不同的说法。

有学者根据甲骨文的字形，认为"我"是一种有三个尖齿的武器，是个象形字。

"我"的本义是指"古代一种长柄武器"。

有人根据金文考证，认为"我"字的左右两边都是武器，表示两个武器相撞，是个会意字。

也有人认为，"我"字的左边是手，右边是长柄武器戈，指"手拿武器保护自己"。"我"的发音同"哦"，是个感叹词，也是个会意字。

根据这些，我们不妨展开想象：远古时代的一个早晨，有个部落被另一个部落包围了。在这生死存亡的关头，部落里的勇士们手持武器，聚集在广场上。首领大声喊道："敌人围上来了，谁跟我去把他们赶走啊？"武士们击打着手中的武器，或将戈用力在地上一戳，齐声喊："哦！哦！哦！"这就是"我"。

现在的"我"字，作为第一人称代词，表示自称，如：我说、我去、我们、我来了。

"我"字也表示"自己"，如：忘我工作、自我批评。

"我"字也指"自己的一方"，如：我国、我军、我辈、敌我、我社、我公司。

"我"喜欢

俗话说:"麻油炒韭菜,各有各喜爱。"有的人对爱好,简直到了痴迷的程度。

南京的杨先生有两大爱好。一是制谜面、猜谜语,他是南京谜语协会的秘书长;二是收藏雨花石,他是雨花石收藏家协会的资深会员。有这两项爱好,他觉得生活充满欢乐。

但欢乐跟痛苦是相联的,这两天老杨正经历着一件痛苦的事儿。十一长假,他到上海儿子家小住,顺便到亲家他家作客。李先生与他同好,见亲家来了,拿出自己收藏的几块石头请杨先生鉴赏。杨先生一见那块灵璧石,两眼都直了。你猜怎的?这块石头,酷似李白倒背着手,举头望明月。这与家里那块"低头思故乡"配成一对,那真是绝配啊。

亲家见他目不转睛,便说:"怎么?你喜欢这块石头?如果喜欢,那就……就……"

老杨听得出,亲家并不舍得割爱,连忙说:"不!我不能夺人所爱……"

亲家说:"只要你喜欢,你就说一声……"

老杨实在开不了口,便匆匆告辞了。但两天来,他寝食不安,一直想着那块石头。第二天,乘车返回南京时实在想那块石头,终于忍不住给亲家发了个短信。短信是用谜语写的:

"亲家翁,实不相瞒,我想对你说:'找到一撇,嬉失千金,再赊一次。'"

亲家翁一看,这短信表白的是一句话:"我喜欢。"他狠狠心,回了个短信:"既喜欢,下次来取吧!"

老杨哪能等到下次?车到无锡,他便下车,转了趟车,回上海取那块"举头望明月"去了。

有眼无珠的 乌

WŪ
乌

金文
小篆
乌 隶书
乌 楷书

　　"乌"是一个象形字,最早出现在金文里。金文、小篆以及现代的"乌"字都像是一只鸟的外形,大嘴朝天,当中缺少一点,表示有眼睛,但没有眼珠子。这种鸟叫"乌鸦"。

　　乌鸦的嘴大而直,全身羽毛都是黑色的,羽翼有绿光。正因为它全身是黑色,与眼珠的黑点混为一种颜色,所以只见眼白,不见黑眼珠子。所以金文的"乌"字有眼无珠。

　　乌鸦喜欢群居在树木中或田野间,以吃谷物、果实、昆虫为生。乌鸦的叫声低哑而深沉,常常会发出"哇哇"的叫声,尤其是在荒野或夜晚,使人感到阴森可怕。加之乌鸦全身黑色,所以在人们心目中是不祥之鸟。

　　由于乌鸦全身都是黑色的,所以"乌"也可以用来指"黑色"。如:又黑又亮叫"乌亮";黑色的云叫"乌云"。关于"乌"的成语也很多,如:乌烟瘴气、乌合之众等。

　　"乌",也引申为"没有",如:化为乌有、子虚乌有。

　　"乌",也作姓氏用。

《隶辨》　　　宋·苏轼《赤壁赋》　　　明·祝允明

"乌"字只欠一点墨

清代乾隆年间,扬州城里有几十个老秀才,他们常聚在一起,喝喝茶,谈谈诗文。高兴时,也写些诗词,作些对联,相互传阅,也算是奇文共赏。如若遇到什么新闻或不平之事,这些老头子也会借题发挥,你一言,他一语,凑出几篇佳作来。

这一年,扬州乡试,从京城来了两位主考官。正主考官姓乌,名叫虎文,名字很气派,可此人只是嘴上会说,肚子里墨水有限,是个没有真才实学的人。老秀才们对他虽然不服,但听说此人心直口快,心术不坏,也就不多议论他。

副主考官姓忭,名叫建业。此人颇有文才,在文坛有点名气,可心术不正、贪财偏心,暗中收贿卖举人。据说他还把乌主考官也拉下了水,两人合谋,要让几个花钱行贿的考生中榜,要把他们安排在头几名。这下,这帮老秀才们坐不住了,纷纷聚到茶馆,要给两位主考官一点颜色看看。

开考那天,人们见考场大门旁,贴了这么一副对联:

> 乌不如人,只欠当中一点墨;
> 军无斗志,全因偏了半边心。

这副对联,真是妙不可言,上下联各嵌了两位主考官的姓。

上联是讥讽姓乌的文墨欠缺。"一点墨"三个字很传神,因为若有一点,"乌"就变"鸟"了。

下联是讥讽姓忭的偏心贪贿。"忭"字的竖心旁在左边,这就是偏心,运用得很巧妙,揭露得很深刻。

这副对联很快传遍全城,引起轩然大波。地方官怕闹事,只好将考期延后,等待朝廷派人来处理。

不干净的水是污水

"污"字有三种写法。其中"汙"和"汚"两种写法已于1955年作为异体字被淘汰。现在的"污"字是楷书规范的写法。

小篆的"污"字是个左右结构的形声字兼会意字。左边的三点水是形符,表示跟水有关。在这儿,特指"积水"。右边的"于"是声符,读"yú"。"污"字指"肮脏、不干净的水"。

有人认为,古人之所以用"于"作"污"字的声符,是因为"于"有"吐出"的意思,水会流动,而在这儿是强调不流动的水。水不流则腐,腐则变臭、变脏。

"污"字的本义指"脏,不干净",如:污秽、污点、污垢、污迹、污泥、污名、污浊、污滥、污泥浊水、污七八糟、污言秽语。

"污"字由本义引申指"弄脏",如:污染、玷污。

"污"字由本义引申为"使人受辱,受到中伤",如:污蔑、污辱。

"污"字由本义引申指"不廉洁、贪赃枉法",如:贪污、贪官污吏、同流合污。

[瓦当欣赏]

秦汉瓦当

捞油水吃大亏——污

现在中国的高速公路四通八达。在高速公路上，建有不少加油站。在山东境内，有这么一座加油站，站长名叫吴荣喜，五十多岁，快退休了。他见人笑嘻嘻的，可人们背地里喊他"笑面虎"。

"笑面虎"说话做事，显得很有分寸。他对上级恭恭敬敬，对部下关怀备至，对客户也是彬彬有礼。他的业绩在同行中首屈一指。眼看就要平安落地，光荣退休了，可就在这节骨眼儿上，加油站出事儿了。一位经常在这儿加油的卡车司机，怀疑这加油站的加油器有诈。他用手机录下了他们作案的全过程，然后报了警。警方通过明察暗访，找到了证据，将加油站查封，并将"笑面虎"及几个骨干分子刑事拘留。

在拘留所，"笑面虎"供认，几年来，他们在加油器上做了手脚，利用遥控装置，少加油，多收费，共获取非法所得一百多万元。

法院审理后，认为吴荣喜是主谋。他以贪污和诈骗罪，被判刑十五年，他的晚年要在监牢里度过了。

这天，老伴来探监，两人抱头痛哭。"笑面虎"泣不成声，边哭边说："几年来，我一直是提心吊胆呀。我知道，我这样大捞油水，迟早有一天要吃大亏的。贪污的人，到头来都没好下场啊。我眼看要安度晚年了，可这么一来……为了捞油水……我的亏吃大了……"

其实，"笑面虎"哭哭啼啼的，只说对了半个"污"字。对呀，你捞油水吃了大亏。为什么吃了大亏呢？因为你在位时，总以为自己挣钱不如别人多，有一颗吃了亏不平衡的心，自己又身在油水旁，如此这般，焉有不贪污的道理呢？

由此看来，这"污"字还大有讲究呢。

一字一世界

跳舞给神看的巫师

WŪ
巫

甲骨文
金文
小篆
隶书
楷书

远古时代，人们的生存依赖大自然，当时的人对天上的神充满敬意与畏惧，祭天拜神是必不可少的。这在文字中也充分表现出来，例如"巫"字。

甲骨文和金文的"巫"字是个象形字。这个字的形状像古代巫师祭神时所用的道具。小篆的字形有所不同，当中是个瘦长的"工"字，左右两边像两个人面对面地在跳舞。为何跳舞？看来是为讨神的喜欢，跳给神看的。

也有人认为，"巫"字是个会意字。由两个"人"字与一个"工"字组合。"工"字像一串玉，意为两个巫师捧着玉在祭神。

以上两种说法，大同小异，都跟祭神的巫师有关，所以以祭神驱鬼、替人祈祷为业的人就是"巫师"，女的称"巫婆"。

巫师装神弄鬼的把戏，称为"巫术"。借机为人看病的巫师，称为"巫医"。

"巫"，也是一个姓。

[瓦当欣赏]

秦汉瓦当

来客多横缺两头——巫

民国年间，上海有家报社的资深编辑名叫巫其武。这年夏天，老巫到黄山旅游，傍晚到山脚的"陈家旅馆"投宿。

进店后，店主拿出登记册，问道："先生贵姓？"

老巫答道："在下免贵姓巫。"

店主没听明白，又问："什么巫？"

老巫心中不快，但还是耐心地又说了一遍。

店主仍然显出听不懂的样子，老巫半开玩笑地说："东家何故少一耳？"说罢伸出手指，在桌上又写了一遍。

这下陈店主终于弄清了来客的姓，也听懂了"东家何故少一耳"的弦外之音。他随口答道："我知道客官的姓了。来客多横缺两头，对么？"

老巫听了，先是一愣，继而伸出大拇指夸道："妙，妙！答得妙！"

原来，这两位都是拆字高手。老巫说的"东家何故少一耳"，指店主两次没听清他的话，少了耳朵。店主为"东家"，又是姓"陈"。"陈"字少了双耳旁就只剩下个"东"字了。

繁体的"来"字为"來"。老巫是来客，所以拆开"来"字，在中间多加一横，再把两头去掉，便是个"巫"字。这就是"来客多横缺两头"。

这副对联，以姓氏为主，上下对仗工整，幽默风趣，不失为一副绝妙的好对子。

人到这儿居住的 屋

WŪ 屋

小篆的"屋"字是个会意字，左上方是个"尸"字，右下方是个"至"字。

"尸"，像横卧的人，表示人要在这儿躺下休息，居住。

"至"，在甲骨文中，上面像一支箭，下面一横表示地面，指箭从远处射来落到这儿，有"到达"的意思。"尸"与"至"组合，表示人来到这儿居住。换句话说即这儿是人居住的地方，本义指"房子"。

也有人认为，"屋"是"幄"的本字。"幄"是形声字，左边的"巾"表示长形的丝织物；右边的"屋"作声符，本义指"篷帐"，也就是军中帐幕。"运筹帷幄"中的"幄"就指这种"幄"，后来以"屋"代替了"幄"。

还有人认为，"屋"的左上方不是"尸"，而是"广"，是小篆和楷书讹变而为"尸"的。"广"，在古代是个象形字，其状像依山崖造的房子，所以"广"与房子有关。"至"，表示到达，指人们来到这房子下面，本义指"屋顶"。

以上几种说法，没什么本质区别。"屋"的本义，就是指"房子"，如：屋顶、屋脊、屋架、屋檐、屋宇、草屋、茅屋、爱屋及乌、高屋建瓴、叠床架屋。

"屋"由本义引申指"房间"，如：里屋、书屋、堂屋、外屋、正屋。

屋 小篆

屋 隶书

屋 楷书

四个秀才行酒令——屋

　　文人聚在一起，不论是喝茶饮酒，还是野外郊游，都喜欢吟诗作对，各显才华，既交流学识，也助雅兴。

　　明朝正德年间，苏州有四位著名的画家，他们的创作有独特的风格，形成了"吴门画派"。他们分别是唐伯虎、文徵明、祝允明、徐应祯。这四位不仅书法绘画出名，文才也甚是了得。

　　这天，四人在虎丘山下一酒馆相聚。酒过三巡，唐伯虎提议道："今日不再谈画，要以行酒令助兴。第一句要组合成字，第二句要将一个字拆为三个字，第三句重复所拆三字，最后以起问句收尾。各位记住了，我先来。"说罢，一字一句吟道：

　　　　水酉为酒，品字三口，
　　　　口口口，不知该罚谁喝酒？

文徵明文思敏捷，接着吟道：

　　　　豆页为额（今简化为头），犇字三牛，
　　　　牛牛牛，不知赶来多少头？

祝允明不甘落后，紧接着吟道：

　　　　尸至为屋，森字三木，
　　　　木木木，不知能盖多少屋？

最后轮到徐应祯，他胸有成竹，吟道：

　　　　田心为思，姦字三女，
　　　　女女女，不知何人害相思？

　　四个人，都按要求作出了酒令。每人都说出了五个重点字，而且都互有联系。如第三首，"尸"、"至"为"屋"，三"木"为"森"，最后归结到盖多少屋，且每句都押韵。要写好，实非易事。这样的行酒令，令人回味，十分有趣。

一字一世界

手舞足蹈和一无所有

wú
无

𠦒
甲骨文

𣞤
金文

𣞤
小篆

無
隶书

无
楷书

    最早的"无"字，是个象形字。在甲骨文中，"無""舞""无"这三个字是同一个字。字形像一个人手持舞具在跳舞的样子。有人认为，跳舞者手中所持的是几根牛尾巴。后来金文的字形加以复杂化。

    小篆的"无"字分为三种字形。一种字形加上义符"亡"字，表示"消亡、没有"之义。第二个字形另加义符"舛"字，读"chuǎn"，表示两只脚，在这儿指"跳舞"之义。第三种字形简化为"无"，只留下一个跳舞人的形状。隶变后楷书分别写作"無""舞""无"。"無"简化为"无"。"跳舞"之义仍用"舞"。

    楷书的"無"字简化为"无"。本义指"舞蹈"，后借用表示"没有"，即"一无所有"。如：形容没有别的可相比称"无比"；没有边际称"无边"；不顾廉耻称"无耻"；没有能匹敌的对手称"无敌"。无名、无害、无法、无理、无力、无量、无奈，都指"没有"。

    "无"字由上义引申指"不"。如：无辜、无妨、无愧、无缺等。由此又引申指"不论"。如：无论、事无大小、无论如何。

"无"字改"有"救得一命

杨乃武和小白菜的故事流传很广,是清代四大冤案之一,曾惊动全国上下,后来经两宫皇太后批准,重新审理,这一冤案才平反昭雪。据说,杨乃武和小白菜被判为死罪,两人之所以能死里逃生,跟杨乃武亲笔写的诉状中的一个字有关——有人帮他将其中的"无"字改为"有"字,这才翻案的。

杨乃武确有其人,是浙江余杭人举人出身,是位饱学之士。杨乃武文笔犀利,为人正直,又好打抱不平,因此得罪了余杭知县刘锡彤,还得罪了杭州知府陈鲁以及当地的一些乡绅恶霸。这些人勾结起来,诬陷他与一位名叫小白菜的女子有染,说他俩合谋,用毒药害死了小白菜的丈夫。两人被判死罪,但一直没执行。杨乃武鸣冤叫屈,不断上诉。他在狱中写了长长的诉状,交妻子詹彩凤和姐姐杨淑英到北京告状。

詹彩凤和杨淑英怀揣诉状,乘船由杭州出发,沿东杭大运河往北京而去。路过扬州时,她俩停留一天,特地去拜访杨乃武的好友李耿堂,并将诉状带上,请他过目。

李耿堂是位见多识广、学识渊博的人。他仔细读了杨乃武写的诉状,其中有一句"江南无青天"使他皱起了眉头。他认真推敲了一番。他能理解杨乃武写这四个字时的激愤之情,但这"无"字用得不妥,把江南官场上的人全都得罪了。难道真的没人主持正义吗?也不尽然。这样写于事不利。他征求两位女士的意见,提笔将"无"字改成"有"字。这样一改,诉状的意思就大不相同了。

据说光绪皇帝的老师翁同和看了诉状,发现了许多疑点,请刑部发回重审。他据理力争,在众多官员的奏请下,经两宫皇太后批准,将此案交刑部重审,所有与此案有关的证人及官员都送到北京接受审理。经开棺验尸,最后该案真相大白,杨乃武和小白菜绝处逢生,无罪释放。

事后有知情人评论此案,说多亏李耿堂将诉状中的"无"字改为"有"字,否则,杨乃武与小白菜必死无疑。

第一人称表示我——吾

WÚ
吾

金文
小篆
隶书
楷书

　　金文和小篆的"吾"字，都是上下结构的形声字。下面的"口"字作形符，表示跟"口"的作用有关。上面的"五"字读"wǔ"，作声符。

　　"口"字与"五"字组合，表示"开口自称"。

　　因是开口自称，所以古人用"口"字作"吾"字的形符。

　　小篆的字形由金文演变而来。楷书的字形由小篆直接变来，写作"吾"。

　　"吾"字的本义为"我"。

　　"吾"字是人称代词，指"我、我们"，多作主语和定语，如：吾国、吾师、吾日三省（xǐng）、吾身。

　　"吾辈"作书面语，指"我们这些人"。

　　"吾侪（chái）"，也是书面语，指"我们这些人"。

　　"吾"字也指"用话搪塞敷衍"，如：支支吾吾。

　　"吾"字可作偏旁用，也可单用，现今仍归入"口"部。凡从"吾"字取义的字皆与称代等义有关，如：语、捂、悟、唔、梧、晤等。

此人已从衙门出行——吾

清朝乾隆年间,江苏苏州有位测字名家叫范时行。

这天傍晚,他刚在藤椅上坐下,就听到门口有嘈杂声,一个呆头呆脑的汉子,背着一清瘦的中年人闯了进来。家人没拦得住,范时行只好起身接待。

呆头呆脑的汉子一看便知是个呆傻的残疾人,他站立一旁,一边擦汗,一边傻笑。清瘦的中年人脚有残疾,行走不便,头脑清醒,但口齿不清。他坐在凳子上,双脚并拢,伸出手指,在两膝之间写了个字,然后断断续续地讲明了他所写的字和所要测的事。范时行把这一切都看在眼里,然后对他说:"我明白了,你写的是'吾'字,你家姓吾,弟兄三人,父母年老多病,生活全靠二弟支撑。二弟在江阴县衙门当捕快,这行成天跟强盗窃贼打交道,时有凶险。他已多日未回家,前几天捎信来说要回家探望父母,可今日还没回到。父母不放心,要测个'吾'字,看儿子何日回来,是吧?"

中年人连连点头,合掌称谢。范时行到书桌前写了个"吾"字和"衙"字,指给中年人看:"也算是天意,你吾家正巧是五口之家。你刚刚用手指在膝盖上写字,手足并用,这便是手足之情。你这三弟将你背来,也属于手足之情。你弟兄三人,手足情深,故能平安度日。你这三弟,天生痴傻,他语言已失,从'吾'字中可看出。'吾'字有'言'为'语',无言为'吾',他心中无话可讲,只剩他自己了。你呢,'欲语无言'。虽是'吾'旁无'言',但你心中有话,手能写字,你是个心智健全的人。纵观'吾'字,从字形上看是五口之家,但实质上只有一人,这一人即是'吾'。'吾'者,'我'也。你们一家五口,人人心中有'吾',不是为一己之私,而是想到五口之家,吾能为吾家做些什么。你这弟弟虽无话可讲,但他晓得背着你闯进门来,以尽其力。至于你那二弟,他深知他在'吾'家的地位与重任,他会保护自己不受损伤,他也记挂父母兄弟,他既说回来,想必很快会到家的。因为'吾'在'衙'门当中,两边相和为'行'字。他已从衙门出行回来了。"

制陶发源地——吴

wú 吴

甲骨文

金文

小篆

隶书

楷书

甲骨文的"吴"字是个上下结构的会意字，上面是个"口"字，下面是个"大"字。这"大"字在古代表示人，在这儿像一个人张大嘴巴在大声说话。

小篆的"吴"字也是个会意字，上面依然是"口"字，下面的"大"字略有变化，接近了繁写的"吴"。后来简化为"天"字，所以人们称之为"口天吴"，广泛地用作姓氏。

"吴"的本义是"大声说话"。后来转借为朝代的名称，如三国时孙权控制的长江中下游和东南沿海一带，统称为"孙吴""东吴"。

问题在于，为什么用"吴"称这一地域呢？

有人认为，有些金文的"吴"字，左边为"大"，也就是"人"。右上方的"口"实际上不是"口"，而是陶土制成的器皿。这就像一个人扛着陶器的形状，其本义是"制作陶器"。这个地方的制陶业非常发达，几乎人人都会，为标榜这儿的特征，所以将"吴"定为国名。

早在春秋战国时，苏州这一带就是吴国了，现在还有"吴县""吴江"等地名。这儿的方言称为"吴语"，这儿的文化称为"吴文化"。所以最早的"吴"字应理解为制陶业最发达的地方，是地名，后来又作姓氏用。

无"口"为"天"　有"口"为"吴"

三国时期，东吴有位叫薛综的人，博学多才，机智善辩。

有一天，孙权设宴招待西蜀使臣张奉。这个张奉出言狂妄，目空一切，酒席刚开始，他就把桌上的人纷纷嘲弄了一番。恰好薛综进来，见张奉如此无礼，决定灭一灭他的气焰。

薛综先敬张奉一杯酒，然后笑着说道："蜀者何也？有犬为獨，无犬为蜀，横目钩身，虫入其腹。"

这番话是针对蜀国来的张奉说的，它分析了"蜀"字。"蜀"，读"shǔ"，甲骨文的"蜀"字像菜花中的野蚕形，本义指"野蚕"。

小篆的字形是由"目"和"虫"构成，这是个会意字。"蜀"是野蚕之形。上面是个横写的"目"字，钩形的身段，里面一个"虫"字，这就是"横目钩身，虫入其腹"的"蜀"。旁边加上个反犬旁便是"獨"，也就是"独"的繁体字。

这些话狠狠地嘲弄了蜀国的"蜀"字。

张奉听了，气得满脸通红，半天也没对答上来。想了想，只好说："既然这样，请你也把贵国的'吴'字拆解一下吧。"他本来是想堵住薛综的嘴，没想到薛综应声回答道："无口为天，有口为吴，君临万邦，天下之都。"

这番话，把吴比作天，歌颂为天下之都，大长了吴人的志气。

在座的人听后，都哈哈大笑，好不痛快。

毒虫蜈蚣

wú
蜈

　　"蜈"字是个左右结构的形声字。左边的"虫"字是形符,表示跟虫类有关。右边的"吴"字读"wú",作声符。

　　"虫"字与"吴"字组合,指一种毒虫,俗称"蜈蚣"。"蜈"字的本义指"节肢动物蜈蚣"。

　　蜈蚣属节肢动物,身体长而扁,头部金黄色,背部暗绿色,腹部黄褐色。头部有鞭状触角,躯干由二十一节环节构成,每个环节有一对足,被称为"百足之虫"。蜈蚣的第一对足呈钩状,有毒腺,能分泌毒液。一般栖息于腐烂的木头、石缝中,昼伏夜出,捕食小昆虫。在中医里,蜈蚣经制作后可入药。所用的词汇就一个名词:蜈蚣。

蜈 小篆

蜈 隶书

蜈 楷书

"蜈"蚣飞天能食龙

在中国历史上,不少帝王在夺取王位前,使出了各种手段。除了壮大军事实力之外,还得大造舆论,为自己编造合法的外衣,假借天意,以博取民众的支持。在制造舆论时,手段毒辣,花样百出。常常借用民谣童谣来散布信息,引起人们的关注和信任,以使自己的阴谋得逞,有的竟能不费一兵一卒,达到排除异己,夺取权力的目的。

南宋理宗年间,朝廷有两位名将,以善战和在地方有政绩而受百姓信任,一位叫吴渊,一位叫吴潜,这是兄弟俩,时人称"大吴"和"小吴"。

吴氏兄弟与时任丞相丁大全不和。丁大全是江苏镇江人,内心阴暗,手段毒辣,但深得理宗信任。他对吴氏兄弟怀恨在心,总想除之而后快。

一天,有个小太监向宋理宗禀告,说京城街头小儿盛传一童谣:"大蜈蚣,小蜈蚣,尽是人间大毒虫,展翅飞天能食龙。"

理宗听了,不解其义,便召来丁大全问:"民间盛传的那童谣是何意思呀?"

丁大全佯装刚听说此事,支支吾吾道:"童谣民谣,大多借谐音说事。'大蜈蚣''小蜈蚣'是指大吴小吴吧?言下之意说吴公能飞天食龙,百姓担忧这弟兄俩一旦得势,可能要吞灭真龙天子啊。"

宋理宗一听,吓得头冒冷汗,当即传旨,将大吴就地免职,将小吴贬到岭南当个闲职。弟兄俩知道理宗已不信任自己,但也无奈,只得认命了。

过了多年,丁大全因作恶多端,被人所痛恨,遭群臣围攻,理宗不得不削去其丞相职位,将他逐至海南。在押送途中,他被押送官推入水中活活淹死。

丁大全死后,那向理宗禀告的小太监才说出真相。原来诬告吴氏兄弟那首"蜈蚣飞天能食龙"的童谣,是丁大全一手策划的。

纵横交错——五

WǓ
五

✕ 甲骨文

✕ 金文

✕ 小篆

五 隶书

五 楷书

甲骨文的"五"字是个象形字。字形像两物交叉的样子。在上下各加一道横线，以突出"纵横交错"之意，又避免与"乂（yì）"字相混。

也有人认为，甲骨文的"五"字属会意字。从"二"从"乂 yì"。"二"字指天地，"乂"字指相交错。这两个字形合起来指纵横交错。

金文的字形大致相同。小篆的字形使其整齐化。隶变后的楷书写作"五"。

"五"字的本义指"纵横交错"，后假借指数词，指"四加一的和"。如：五彩、五指、五谷、五行、五金、五色、五味、五脏六腑、五体投地、五光十色、五湖四海、五子登科、五花八门等。

"五"字又指"工尺谱记音符号，相当于简谱的'6'"。

"五"月黄梅天

五月，正是初夏时节。每到这时，长江中下游地域常常出现阴沉多雨的天气，而五月又值江南梅子黄熟，所以称"梅雨"，也称"黄梅雨"。每年从入梅到出梅大约二十余天。

"黄梅天"是时令的名词，前面加上"五月"二字，就成了一句话、一句诗或一句联语了。这里讲的就是有关五月黄梅天的对联故事。

这幅对联故事的情节，有多种版本。流传较广的，是说民国初年，上海一家酒楼在报上悬赏征集对句，有人以"五月黄梅天"五次夺魁。

另一种说法，略带传奇色彩。民国年间，有位军阀路过上海，上海头面人物在豪华酒店设宴款待，赴宴的都是达官显要、名媛贵妇。这位军阀喜欢附庸风雅，酒酣耳热之际，他提议道："在座各位都是文人雅士，喝酒时虽不能像当兵的猜拳行令，大喊大叫。但也不能光喝寡酒，冷冷清清。咱们也来个吟诗作对，助助酒兴如何？"

众人喊好，齐声说："请大帅出个上联吧！"

这位大帅也不退让，但一时又想不出什么诗词绝句，情急之中，他用筷子敲敲桌上放着的一瓶"三星白兰地"说："就以'三星白兰地'为上联吧！"

"白兰地"是当时的外国名酒，冠以"三星"二字，成了适合中国人口味的名牌。在场的人听了，都呆了，没人对得出下联。大帅斜眼看看身旁的参谋长，示意他露一手。参谋长一时也想不出词儿，急得身上冒汗了。他起身脱外衣时，站在门口的勤务兵连忙赶上来，给他挂衣服，轻声嘀咕了一句话。这位老谋深算的参谋长，不动声色地坐下来，轻轻吐出五个字："五月黄梅天。"

众人一听，再一细想，纷纷拍手叫好。"五"对"三"；"月"对"星"；"黄"对"白"；"梅"对"兰"；"天"对"地"。"五月"对"三星"；"黄梅天"对"白兰地"，真是绝对啊！

后来有人狗尾续貂，改为：五月黄梅天，六月倒黄梅，三星白兰地，双星照白兰。这么一改，趣味、品位大不如前了。

舂米用的木杵——午

wǔ
午

甲骨文、金文和小篆的"午"字，都是象形字，不管是线勾的形状还是实心图案，其形状就像舂米用的木杵形。这种木制舂米的工具，直到有了电动脱粒机的今天，仍在被许多农民使用。

"午"字的本义是指"木杵"，后来假借为地支的第七位。

"午"又指十二时辰之一的"午时"，即上午十一点到下午一点这一时段。

太阳正中的时候称为"中午"，也是"正午"。"中午"以后称"午后"、"下午"。中午小睡片刻为"午睡"。

"午"因为指"正午"，表示"正"，所以皇宫的正门称为"午门"。

甲骨文

金文

甲
小篆

午
隶书

午
楷书

北魏《安乐王墓志》

唐高宗《淳化阁帖》

明·文征明

牛字不出头——午

宋朝年间,福州长溪有个名叫李安义的人。一天,他去拜见一个姓牛的富翁。这姓牛的富翁不肯见他,指使家人推托说出门了。李安义很生气,就在牛家的大门上写了一个大大的"午"字,然后就走了。

许多人不明白这个"午"字是什么意思,就去请教李安义。

李安义回答道:"'牛'字不出头是个'午'字。这姓牛的死也不肯'出头'露面,不就像蠢牛一样么。"一席话,说得众人捧腹大笑。

一字一世界

古代军队编制五人为伍

wǔ
伍

𠊀 金文

伍 小篆

伍 隶书

伍 楷书

　　小篆的"伍"字是个左右结构的形声字兼会意字。左边的单人旁是形符，表示与"人"有关。右边的"五"字是声符，读"wǔ"。这两个字形组合在一起，指"古时的军队的编制，是五人为'伍'"。

　　军人都是人，故以"人"字作形符。古人之所以用"五"字作"伍"字的声符，是因为当时军队的编制是五个人组成最小的单位，这个单位即为"伍"。

　　楷书的字形由小篆演变而来，写作"伍"。

　　"伍"字的本义是"古代军队，五人为最小单位"。

　　"伍"字由本义引申泛指"军队"。如：参加军队称"入伍"；军人或众多人排列成行称"队伍"；旧时军队的行列称"行（háng）伍"。"伍"也泛指"军中"，如：投身行伍、行伍出身，离开军队称"退伍"。

　　古人将"同伙"的称为"伍"，如：羞与为伍。落后于他人称"落伍"。

　　人们将"五"字写作"伍"来作数词用。人们把这称之为"大写"，使其不易涂改。

　　"伍"字也作姓氏用。

章太炎送"伍"廷芳挽联

章太炎是位民主革命家、思想家、国学大师。生于1869年,辛于1936年。他的知名弟子有黄侃、钱玄同、吴承仕、鲁迅……他们都是一代宗师、令人仰慕的大家。辛亥革命中,章太炎与蔡元培合作,发起光复会,主编同盟会机关报《民报》,任孙中山总统府枢密顾问。

伍廷芳是位著名的外交家、法学家。1842年生于广东新会,1922年去世。清王朝灭亡后,伍廷芳曾主持中国南北方议和,共建共和,但费尽周折却毫无成果。他辛劳成疾,须发尽白,病重时留下火葬的遗言。去世后,家人遵其遗愿,将他火葬。

章太炎与伍廷芳,两人本为好友,后来因对政治见解各异,竟至断绝来往。

伍廷芳去世后,他的儿子看在章太炎曾是父亲好友的份上,亲自上门,向章太炎报丧,章太炎礼貌地接待了他。伍廷芳的儿子谈起父亲,说他晚年忧国忧民,须发尽白。章太炎回答道:"此事古已有之,你们的本家伍子胥过昭关,不是一夜白了头发吗?多亏当地一个叫东皋(gāo)的人相助,他才过了关啊。"伍廷芳的儿子又讲起其父按照西方风俗火化的事,章太炎笑道:"这也是你们本家的事。当年武松的哥哥武大郎被西门庆害死,也是火化的。"伍廷芳的儿子听了,感到受辱,含恨而去。

数日后,章太炎派人送来挽联。联曰:

  一夜白须眉,多亏东皋公救难;
  片时灰骸骨,不用西门庆花钱。

章太炎竟然用伍家这两件故事,制成挽联,遣人送至灵堂。伍廷芳在辛亥革命后一直站在革命者行列,并参加孙中山为首的护法军政府,任外交部长,属革命者。倡导火化,实属难得。而章太炎故意以"伍"与"武"谐音,将小说人物"武大郎"说成"伍大郎",强塞进"伍家宗族",口口声声说是"你们的本家"。他用如此手法,贬抑已去世的伍廷芳,也未免太不厚道了。

用武力制止武力

wǔ
武

甲骨文

金文

小篆

隶书

楷书

    甲骨文和小篆的"武"字，是由"止"和"戈"两个字组成的会意字。甲骨文的"戈"字表示武器，"止"字是左右两脚的形象。后来，左脚写成"止"，右脚写成"少"，合起来就是"步"。一般说，左右两脚向前各迈出一次为一步。

    人们迈步时，往往先出左脚。根据"武"的形状，我们可以想象一群士兵扛着"戈"正在操练，他们正步走，还"一二三"地喊口令。按口令节拍，行走停步时落在左脚上。这样，代表左脚的"止"，就有了"停顿、停止"的意思。

    从会意上讲，用"戈"这种武器代表"武力"。用"止"代表"停止"，合起来的意思就是用"武力制止武力"，这是最好的办法。

    "武"与"舞"同音。不难想象，人们在舞枪弄棍时，枪、棍、刀、剑在空气中发出"呜呜"的响声，"武"字便有了"wǔ"的读音。

    "武"字有五层意思。一是表示军事和打斗、搏击这一类的事，如：武装、武器、武斗、武术；二是表示勇猛，如：英武、威武；三是表示只凭主观判断，如：武断；四是表示只走了半步；五是表示姓氏。

北魏·邓道昭

宋·米芾

一代无人——武

清朝有位文人，名叫钱泳，他写的《履园丛话》可当笔记小说读。其中讲了许多测字故事，读来十分有趣。

据钱泳记载，当时苏州城西门外上津桥边，住着一个名叫朱子奇的读书人。这人因贫病交加，生活无着，便到虎丘山寻死，后经一和尚搭救，并赠他一本测字的古书。他回家后，仔细阅读揣摩，后来测字如神，请他测字的人络绎不绝，从此富了起来。

这天，从无锡赶来位富翁，求朱子奇测字。这人肥头大耳，进门时气喘吁吁。他自报家门，说自己姓"武"，排行老六，人称武六爷。他想就这"武"字，测一测他命中是否有子。因为他连娶三个妻子，都没生个一儿半女，为此特来问问他有无后代。

朱子奇略通医术，见这武财主如此肥胖，且年已半百，恐怕已没有生育后代的能力了。认准了这一点，他就尽力在"武"字上大做文章，发挥自己的本领。

朱子奇写了个方方正正的"武"字，口气哀伤地说："武六爷，恕我直言，你恐怕要绝后了。你看，这'武'字拆开，头一笔就是个'一'字，接着就是个'弋'字。这'弋'字是什么？'弋'字是'代'字去掉人字旁，此乃一代无人也。所以说，你这一代，没有后人。"

此话一出，说得武六爷两眼愣愣的，回不过神来。朱子奇再补上一句："我话还没说完。你看这'武'字左下角是个'止'字，到此为止嘛，你还指望什么？"

武六爷听了，差点急得昏过去。朱子奇想，此人排行老六，兄弟姐妹肯定多，便劝道："在自家弟兄中抱个孩子养养吧，说不定你还有后福呢。"

说罢，端茶送客，收下大把银元，就打发武六爷走了。

学会人发言的鹦鹉

wǔ
鹉

　　小篆的"鹉"字是个左右结构的形声字兼会意字。右边的"鸟"字是形符，表示跟鸟儿有关。左边的"武"字读"wǔ"，作声符并会意。

　　"武"字和"鸟"字组合，指一种能模仿人发音的鸟儿。因指的是鸟儿，所以古人用"鸟"字作"鹉"字的形符。

　　古人为什么用"武"字作"鹉"字的声符呢？"武"字有"高大威武"之义。一般说来，鸟儿绝大多数都是身轻如燕，小巧灵活，这样便于飞翔。在鸟类中，鹦鹉的个头儿属肥大的，有英武之气，加之又会模仿人讲话，所以古人用"武"字作"鹉"字的声符并会意。

　　楷书的"鹉"字由小篆演变而来，写作"鵡"，现简化为"鹉"。

　　"鹉"字的本义指"鹦鹉"。

　　"鹦鹉"又称"鹦哥"。这是一种鸟，头部圆圆的，上喙大，呈钩状，下喙短小。羽毛美丽，有白、赤、黄、绿等颜色，生活在热带树林里，吃果实。鹦鹉的舌头大而软，能模仿人说话的声音。

　　成语"鹦鹉学舌"，指鹦鹉学人说话，比喻别人怎样说，他也跟着怎样说，含有贬义。

鵡
小篆

鵡
隶书

鹉
楷书

武则天夜梦鹦武——鹉

武则天是中国历史上第一个女皇帝。十四岁入宫为才人,唐太宗死后一度为尼。高宗时又被召回宫,后立为皇后。高宗晚年时,由她执掌朝政。高宗死后,她先后废掉两个儿子,改唐为周,自立为帝。到了晚年,她不得不考虑自己生后的荣辱,不得不考虑由谁接任王位。

武则天为此一直处于矛盾之中,她既要创立自己的武氏王朝,又不能不承认,自己的王朝是从唐朝手中抢夺过来的。自己的丈夫是唐高宗,所以她在供奉武氏宗庙的同时,也不得不供奉李氏皇族。

武则天清楚地认识到,她是个篡位者。作为母亲,她姓武,她的儿子都姓李。她一直将自己的儿子视为政敌,杀掉了两个,贬谪了一个。现在留在身边的一个虽然顺从她,但她知道,这个儿子,才是正统的、李唐王朝的合法皇帝,是她独裁政权的挑战者,所以她一直将他排斥在外,变相地拘禁起来。

武则天想扶持武氏家族的两个侄子,这两人对她忠心耿耿,但他俩的父亲是被她流放后迫害致死的,所以她对这两个侄子又存有戒心。

究竟是重用武氏家族的侄子,还是扶持李氏家族的儿子?武则天处于矛盾之中。

有一天,武则天做了个梦,这个梦被宰相狄仁杰破解了,武则天埋藏在内心的结也随之解开了。

这天,武则天临朝,对文武大臣说她夜里梦见宫中一只鹦鹉的两个翅膀折断了。她问众臣,此梦作何解释?宰相狄仁杰立即高声祝贺道:"皇上,这是大喜之兆啊。"

武则天问道:"喜从何来?"

狄仁杰道:"鹦鹉的'鹉',正象征陛下姓武。鹦鹉的两只翅膀,是陛下的两个儿子。陛下您如能启用二子,那么,象征您的鹦鹉的两只翅膀自然就振翅高飞了。"当时,武则天的两个儿子,一个是皇嗣相王,一个是被贬谪的庐陵王。狄仁杰建议她启用庐陵王,武则天同意了,任命庐陵王为元帅,率兵迎战契丹军队。不久,又立庐陵王为太子,这为李唐统治地位的恢复奠定了基础。狄仁杰巧妙解梦,功不可没。

手持牛尾在跳舞

wú 舞

甲骨文
金文
小篆
舞 隶书
舞 楷书

说起"无"字，得从"舞"字谈起。因为在甲骨文中，"舞、無、无"为同一个字。这里有一个发展分化的过程。

甲骨文的"舞"字，像一个人手持牛尾巴作舞具在舞蹈的样子。

后来的金文显得较为繁杂。小篆将这"舞"字分化为三个形状：一是另加义符"亡"字，用以表示"没有"之义；二是另加义符"舛"字，指双足，用以表示"舞蹈"之义；第三个形状简化，只留下一个"舞"的人形，隶变后的楷书分别写作"無、舞、无"。如今规范化"無"用原来的异体字"无"作规范字。"舞蹈"之义仍用"舞"。

《说文解字》把"無"放在"亡"部，本义指"没有"。

从文字演变角度讲，"無"字的本义应为"舞蹈"。后来"無"借用指"没有、不"等义，"舞蹈"之义便由另加表示双脚的"舛"字而形成的"舞"来表示。而"無"专用于表示"没有、不"之义。后来"無"简化为"无"。

"无"的本义指"跳舞"，后被"舞"取代。"無"假借"没有"，如形容无可相比称"无比"；没有边际称"无边"。如：无敌、无毒、无名、无病、无害、无际、无理、无法等，都指"没有"。

"无"字由"没有"引申指"不"，如：不知羞耻称"无耻"。无愧、无妨、无须、无辜、无缺、无伤大雅等都有"不"的意思。

"无"字由"不"引申指"不论"，如：无论、无论如何、事无大小等。

"无"字也作姓氏用。

无梅村求雨——舞

湖南衡阳有个无梅村。这村子称"无梅",好多人以为是因没有梅树梅子而得名,其实不然。是因这个村庄只有两姓:一姓梅,二姓无。"无"属稀姓,但这儿大多数人都姓"无"。

民国年间,无梅村大旱,数月不下雨,井枯河干,村民们连喝水都困难了。村里家家出钱,到衡山请来一位道士作法,向老天爷求雨。

村里长老们在村头广场设下祭坛,将龙王爷、土地爷的神像供上,又将各家捐钱的花名册陈列在神像前。请来的道士身穿道袍,手舞宝剑,在祭坛前做了一阵法事,果然树枝摇动,飘来几朵阴云,起了一阵凉风,村民们欢呼雀跃,以为道士法力显威,老天爷耕云播雨了。岂料,过了会儿,云开日出,仅有的几朵云也飘走了。村民们垂头丧气,对道士的本事有点儿怀疑。道士却责怪村民们说:"因为你们鬼哭狼嚎,龙王爷被气跑了。"

后来村民们默不作声,让道士安心作法。道士手持宝剑,凝神屏气,似与天神在交流。但老天爷不赏脸,依然是艳阳高照,没一点儿下雨的迹象。道士这下可急了,他想:"总得找个借口啊,否则下次谁还相信这一套呢?"他无意中看到祭坛上放着的名册,上面写的一排姓名使他豁然开朗。花名册上大都姓无,如:无启云、无齐风、无小玉、无大羽,还有梅德誉、梅霞裕……

道士举起花名册,生气地说:"难怪今天求不到雨啊,你们尽把这些不要风、不要雨的姓名供在这儿,老天爷怎肯降雨呢?'梅玉兰'不就是'没雨来'么?'梅跃昱'不是'没要雨'么?'无羽喜'不是'无雨就喜'么?你们喜欢无雨,还求雨干么子啊?"说罢,拖着宝剑气呼呼地走了。

一字一世界

说大话会犯错 误

wù 误

小篆

誤 隶书

误 楷书

　　小篆的"误"字是个形声字兼会意字。左边的"言"字旁，表示跟"讲话、言论"有关。右边的"吴"读"wú"，是声符兼表意。

　　"误"字之所以用"吴"作声符是有道理的。古代的"吴"字有两种解释。一种说法认为，"吴"是会意字，由"口"和"大"组成，"大"表示"人"，像一个人张大嘴巴在说话；另一种说法认为，上面的"口"是陶土做的器皿，下面的"人"扛着陶器，表示这是制陶的地方，也就是现在的苏州一带，这儿称为"吴地"。

　　在"误"字中，"吴"字应理解为一个人在大声说话。更确切地说，应理解为一个人在说大话。说大话，就是指所说的话不真实，是荒谬的话，所以"误"的本义指"差错"，如：误差、误传、误读、误会、误解、误笔。

　　差错，也就是"错误"，这就会：误国、误伤、误诊、误入歧途。

　　由于有差错，所以往往会耽搁时间，所以"误"字就有"耽搁"的意思，如：误车、误点、误工、误事、迟误、延误、耽误。

　　发生差错或延误的情况很多，有些不是存心的，所以"误"又引申指"不是故意的"，如：误杀、误伤。

　　"误"，由本义还引申指"使人受害"，如：误人子弟、误人不浅。

总是跟在"错"字后面——误

吴荣喜是南京同仁文化有限公司的部门经理。这小伙子热情豪爽,既讨人欢喜,也让人头疼。为啥?他这人好面子,爱说大话,同事们背后称他"吴大嘴"。

这年年终,公司总经理老赵决定让全体员工带家属到海南岛海口过春节。吴荣喜自告奋勇,说吃住事宜由他安排,因为他在海口市有位铁杆弟兄,神通广大,没有办不成的事。

老赵信以为真,哪知大队人马到海口,下了飞机,却找不到住宿的地方,原因是吴荣喜那神通广大的铁杆弟兄竟把这事忘了。多亏老赵朋友多,经一位熟人帮忙,才在远离市区的一家小旅店住下来。

当晚,大家又气又恼,少不得埋怨吴荣喜几句。吴荣喜自知理亏,只好闷声不响。

吃晚饭时,为缓和沉闷的气氛,老赵即席赋诗一首,说是送给吴荣喜的。诗曰:

> 海口吹得高过天,不知身旁有人言。
> 难怪别人批评你,总是跟在错后边。

这是一首字谜诗。开头两句刻画了一个好说大话的人的形象,点明地点在海口,又指出"口"在"天"上,这是个"吴"字,当然是指小吴了。

这小吴吹牛误事,受到众人批评,于是旁边加"言"字成了"误"字。而这"误"字又总是跟在"错"字后面组成"错误"一词,指明好说大话的人总是犯错误。

这首字谜诗,当会给小吴一番教育吧?

因我理解而醒悟

wù 悟

悟 金文

悟 小篆

悟 隶书

悟 楷书

古代的"悟"字是个左右结构的形声字兼会意字。左边的竖心旁是形符，表示与心理活动有关。右边的"吾"是声符，读"wú"。"悟"字指"心中彻底明白、了解"。

因为是心中彻底了解，所以"悟"用竖心旁。这种彻底了解，是出自"我"的内心，而不是别人。因为"吾"字有"我"的意思，所以"悟"以"吾"作声符并会意。

"悟"字的本义指"明白、觉醒、醒悟"，如：领悟、悔悟、悟性、省悟、觉悟、执迷不悟、恍然大悟。

与"悟"字相同的还有一个字"寤"，本义指"从睡觉的状态中醒过来"，就是睡醒了。所以这个字上面有房子，左边还有一张床。这"寤"字由"睡醒"引申为"觉悟、醒悟"，与"悟"相同。

东晋·王羲之《兰亭序》

宋·米芾《群玉堂米帖》

明·王铎《诗卷》

语文课上的数学题——悟

育才小学的杨老师是教语文的，可她今儿在语文课上却出了好几道数学题，为啥哩？她是在变着法儿让同学们记住这几个汉字。她将要教的几个汉字与数学挂钩，引导小朋友们去认识这些字的结构，记住它们的笔画，理解它们的意思。

杨老师把"＋－×÷"四个符号写在黑板上，然后出了道最简单的算术题："一减一不等于零。"有小朋友马上回答："是三。"

教室里活跃起来，大家都觉得很有趣。杨老师又出了道题："左十八，右十八。"同学们听了，一个个用手指在课桌上画起来，不一会儿，就有同学举手回答："这是'树林'的'林'字。"

杨老师又增加了些难度，出了道题："二十四小时。"

同学们交头接耳一商量，马上回答："一天二十四小时，就是'1'旁边加个'日'字，这是'旧'字。"

杨老师可开心啦，她在黑板上写了"禁""察""祭""奈""票""祟"这一排字，又出了道题："大小不一样，不能用等号。"

同学们都知道，"二"字就代表等号，这几个字中，只有"奈"字，上面是"大"字，下面是"小"字，当中夹着个等号，他们马上就猜出来了，这是"无奈"的"奈"字。

杨老师见难不住大家，出了最难的一道题："五张嘴，一条心。"

这倒真的把全班同学难住了。杨老师让大家小组讨论，不一会儿，第二小组报出了答案：这是"醒悟"的"悟"字。

读者朋友，请你手捂胸口，说实话，在没见到答案之前，这个字你猜出来没有？

一字一世界

用热的接触凉的——焐

wù 焐

篆 焐 小篆

焐 隶书

焐 楷书

　　古代的"焐"字，是个左右结构的形声字兼会意字。左边的"火"字是形符，表明跟火有关，右边的"吾"字作声符，读"wú"。这两个字形组合在一起，表示用火加热一样物体，再用这被火加热了的物体去接触冷的物体。

　　古人为什么用"吾"字作为"焐"字的声符呢？因为古代"吾"字的本义指"我，自称"，即自己对自己的称呼，表示"我，我的"，作第一人称代词。用在这儿，有"焐我"或"焐我的东西"之意，所以古人用"吾"字作"焐"字的声符并会意。

　　"焐"字的本义指"用热的东西接触凉的东西，使其变暖或变干"，如：焐脚、用热水袋焐一焐手、把酒焐热了再喝。

[瓦当欣赏]

秦汉画像瓦当

42

我给外婆"焐"被窝

无锡东门中学的杨老师在讲解课文中的关键字词时,能巧妙地把字形字义跟情感教育结合起来,起到了识字育人的良好效果。

杨老师不主张满堂灌,也从不一言堂,而是以教师讲为主、学生讲为辅,提倡互教互学、教学相长。谁上台演讲了,他就坐到谁的座位上当学生,认真听讲。最后点评时,他也任由同学们各抒己见,偶尔归纳一下,作个小结。

今天教的关键字是"焐"字,由小才女杨莎莉主讲对"焐"字的切身体会。她记得,上堂课金一鸣主讲"暖"字时,他忽略了"温暖来自阳光"这个含义,自认为陪他爷爷晒太阳就很有孝心,却没料到遭到了美国同学牛皮·唐的批评。她吸取经验教训,认真推敲了"焐"字,这才走上讲台。她讲的题目是"我给外婆焐被窝"。

"今年寒假,我到乡下外婆家。乡下很冷,冰天雪地,冻得人直哆嗦。外婆年纪大了,格外怕冷,特别是到了晚上,她两脚冰凉,常常整夜睡不着觉。

"今年可好啦,外婆有了个取暖器。这个取暖器可不是电动的,也不是汤婆子,而是我的小表弟。小表弟睡在外婆脚旁边,他紧紧地抱着外婆的双脚,使外婆有说不出的暖和、舒坦,她高兴得合不拢嘴。人常说,小男孩屁股上有三把火,把外婆的被窝焐得暖烘烘的。可我这小表弟除了屁股上有三把火,还带着一泡尿。他常常尿床,把被子尿湿了,外婆的脚也潮了,让全家人哭笑不得。我自告奋勇说:'外婆,今年冬天由我来给你焐被窝吧!'不管她同意不同意,晚上,我早早地就上床,一边看书,一边焐被窝。等外婆睡下时,我学着小表弟,紧紧地抱住外婆的脚,就像这'焐'字所表达的,用我身上的热,把外婆的脚焐得暖和和的……"

杨莎莉的演讲,得到一致好评。牛皮·唐还精辟地作了点评:"你用火热的孝心,焐热了整个冬天……"

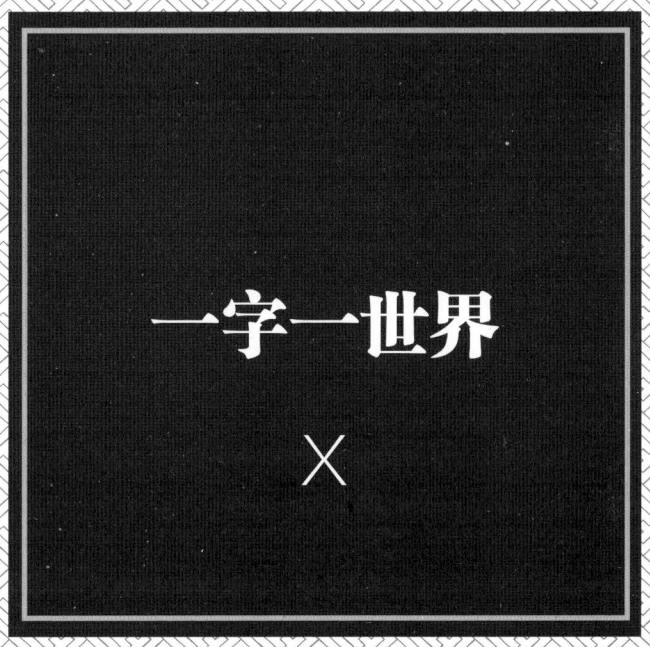

xī

西

甲骨文

金文

西
小篆

西
隶书

西
楷书

跟鸟巢相似的 西

甲骨文的"西"字是个象形字，像一个鸟巢的样子。金文的字形由甲骨文演变而来，略有不同。小篆的字形由金文演变而来，但变化较大，在鸟巢之上加了条曲线，像小鸟站在鸟巢上的样子。"西"字的本义指"鸟巢"。当太阳慢慢从西方落下去的时候，鸟儿纷纷归巢，站在树枝上，所以古人以此来指"东南西北"的"西方"。这种解释不是本义，而是后来人们根据小篆字形所作的解释，这是由本义引申开来的意思。

也有人认为，"西"字是指"竹木编制的器具"。"东"字也是一种器具，类似于今日的"灯笼"之类。所以这两个字合起来，成了当物品讲的"东西"。"东"与"西"后来都成了方位词，当物品讲的"东"与"西"，只保存在"东西"这一词里。这样一来，"西"字的本义就变得较模糊了。后来，"西"字也曾当"鸟儿站在树枝上"来讲，这便是"栖息"。这个意思被后造的"栖"字所取代，"西"字便专门用来作方位词，表示"西方"。

"西"字的本义指"鸟巢"，后引申指"栖息"。此义被后造的"栖"字所取代，"西"字被假借作方位词，与"东"相对，这就是"西"字的演变过程。现在"西"字都用于方位词，如：西边、西北、西部、西风、西域、往西、朝西。由方位的意思，又引申指"样式或内容属于西方的"，如：西餐、西点、西服、西画、西药等等。

"西"字也作姓氏用。

西水关茶楼议"西"字

无锡有个梁溪谜语研究会,规模不大,鲜为人知,只是同好聚会,有个名头而已。这次聚会要讨论为晚报娱乐版提供谜语故事的事。七八个人刚坐下,吴老板闻讯,捧着文房四宝赶来了,央求道:"马先生,请无论如何给小店题个店名。"说罢,不管答应不答应,丢下笔墨,转身走了。

马汉文推辞不得,说:"我们将是这儿的常客,广结善缘,交个朋友吧。"说着,凝神聚气,挥笔写下"西水关茶楼"五字。谜友周其良赞道:"马兄这五字写得俊逸潇洒,气宇轩昂。特别是这'西'字,有'两'字之势,又有'酉'字头的风头……"

马汉文放下笔,摆摆手说:"你这番话留到讨论字谜再说。"这时,吴老板听说字写好了,喜滋滋地进来,拿走字,丢下个红包。谜友小陶打开一数:两千元。他说:"按规矩,不多。"

马汉文关照小陶:"不能收,原封不动还他。"

大家坐下喝茶,讨论谜语。马汉文说:"刚刚周兄说到'西'字,我倒想到个字谜。'酉字头',如何?'酉'字上半部是'西'字。"大家沉默,未置可否。

谜友赵纪方说:"'女儿要去',把'要'字中的'女'字去掉,剩下'西'字。"众人认为这样的谜面听来太无情。

小陶挥挥手中红包说:"'出示票子',怎样?"

众人先沉默,继而一齐喊好。把"票"字中的"示"字去掉,剩下"西"字。

马汉文说:"古代有'多钱为贾'的字谜,小陶这句更通俗。我想把我刚刚提到的'酉字头'改为'一见是鸡',如何?十二生肖的'鸡'与十二地支的'酉'相配。'西'字内加'一'便是'酉'。"

众人说太深了点儿。小陶便提出儿歌式的,诸如:有水便洒,有树便栖,有日便晒,有口便哂(shěn),有木成栗(lì),有米成粟(sù)……

大家谈得热火朝天,引得许多茶客端着茶壶挤到门口来听了。

针线交错的织物——希

xī
希

　　古代的"希"字是个会意字，由"爻"字和"巾"字组成。上面的"爻"字像网孔之形，也指"针线交错的样子"，下面的"巾"字是个象形字，像一条两头下垂的织物，指"用来擦身或抹桌子的毛巾之类"。这个字形，跟如今家庭所用的毛巾仍然相似。这两个字形组合在一起，指"针线交错编织的巾类织物"。

　　也有人认为，"希"字是个上下结构的形声字兼会意字。下面的"巾"字为形符，表示跟丝织品有关。"爻"字为声符，读"yáo"。两形合一，指丝织品的经纬线少了，网孔太大，显得稀疏。因为"爻"字四画交错，显出多孔透明的样子，所以"希"字以"爻"字作为声符并会意。

　　"希"字的本义指"针线交错织成的巾"。由本义假借指"稀少"，如："稀少"也称"希罕"。希有、希奇、物以希为贵都是指"少"的意思。

　　"希"字由"少"又引申指"盼望"，希望达到某种目的。指不好的企图称"希图"；心里想着达到某种目的或出现某种情况称"希望"，希望也称"希冀"；希望和要求称"希求"。

　　"希"字也作姓氏用。

希
小篆

希
隶书

希
楷书

寄"希"望于未来

无锡梁溪谜语研究会的市民讲座，今日讲"希望"二字。没有希望，便没有未来，所以我演讲的题目是"寄希望于未来"。

现在街头小广告成灾，人称"城市牛皮癣"，屡禁不止。我想到"禁止招贴"这句话，恰好是个"希"字。上面一个大叉，表示"禁止"；下面的"布"字表示"布告"，禁止布告，也就是禁止招贴嘛。

说到"希望"二字，它们都有"期待、盼望"之义。"望"字我们已经讲过了，今日重点讲"希"字。

古代的"稀"字与"希"字是音通义通的同源字。"希"是本字，"稀"是后起字。最早的"希"字上面是"爻"字，读"yáo"，下面是"巾"字，指"织得像篱笆一样很稀疏的麻布"。隶变后的楷书写作"希"，这是最早的"稀"字。这种纺织品织得稀疏，网孔很大，从这边可以望到那边，所以"希"有"望"的意思，由此引申指"希望"的意思。古人就另造了个"稀"字表示"稀少、稀疏"。加禾水旁，就是表明像禾稻排列疏松一样。如今"希罕、希少、希世、希奇、希有"这些词中的"希"字，与"稀"字是通用的。而有关"愿望、期望"这些词，与"稀"字是不能混为一谈的，因为人们对未来的期望是十分浓烈的，切不能跟"稀疏"混杂。

今天早晨，我带孙子到市民广场散步，一位老先生带着孙子从我面前走过。他朝远处吐了口痰，唾沫星子溅到我脸上。我孙子说他是电视里看到过的射水鱼，这老先生耳朵尖，听到了很生气，扭转头朝我瞪眼睛。我劝他别随地吐痰，哪知他又吐了一口，他的孙子也连吐三口，还用小脚连踏三下，祖孙二人恶狠狠地走了。我不由感叹：百年树人，这第三代何时才能成为文明人啊？

我坐在长椅上休息。不一会，我看到孙子跟那老先生的孙子在水池边玩水，两人玩得很开心。那位老哥站在一旁看着，当我走过去时，他随手丢给我一支烟，以示友好。我不会抽烟，但我接住了。这支烟，承载着友谊与愧疚。我觉得这位老哥虽有不雅之举，但事后有尴尬之色，想必有愧疚之意，尚有敬畏之心，应属善良之人。

我寄希望于未来。

一字一世界

xī
昔

甲骨文
金文
小篆
昔 隶书
昔 楷书

日子像水流过——昔

"昔"字是个会意字。

最早甲骨文的"昔"字，下面是个扁扁的"日"字，上面是两条象征水的波浪。到了金文，上面是水波的形状，下面是"日"字。小篆的写法是上面四个"人"字形，也表示"水"，下面一个"日"字，这已接近于今天的"昔"字了。不难看出，远古时代的人，把流水一般逝去的日月——也就是时间，称作"昔"。"昔"字的本义就是"从前、往日"。

随着字形的变化，"日"字上面的"水"逐渐变成了今天的笔画，已没有"水"的痕迹了。如果我们把它当作"水"，就能理解古人造字的良苦用心了。对"昔日"、"往昔"这些词，就很好理解了。

有人对古代"昔"字的水波作了番分析，认为那起伏的波纹，所表达的是阵阵波涛。所以这儿的"水"，应理解为"洪水滔滔"，这就是古代的"灾"字。"灾"与"日"结合在一起，表示人们不忘洪水之灾，所以用洪水之日来代替以前的日子，表示"今昔对比"、"抚今追昔"、"今胜于昔"。

唐·褚遂良《枯树赋》

唐·贺知章《孝经》

二十一日——昔

五代时期，驻守云南的军阀杨干真发动了政变，想背叛朝廷，独立为王。

杨干真抓捕的第一个对象就是时任清平官的段思平。因为段思平是白蛮族的首领，深得云南各部族的拥戴。有了这个人，他的政变很难搞成。

谁知段思平早已得到消息，一边派人向朝廷报告，一边趁着月黑风高，和几个随从逃到荒山沟等待救援，让杨干真扑了个空。

段思平知道白蛮族的兄弟们一定会来营救自己，所以和随从靠食野果、饮山泉度日，在荒山野外苦苦熬到了十二月份。

这天，他在荒山沟几个出入口发现，有人在路口撒了许多形状奇特的野核桃，心中不禁狂喜，因为这是白蛮族人传统的通信之物。于是，他拣起几个野核桃，又小心翼翼地剥开桃壳，只见壳内清晰地刻着一个"昔"字，便对随从们说："再过几天，白蛮族的兄弟们就会来和我们会合了。"见随从们不明白，他就解释道："这'昔'字拆开乃是二十一日，这就是说他们约我们十二月二十一日一起举兵来平息叛乱。"

果然，在二十一日这天，白蛮族三十六部同时出兵，平了叛乱，由此创建了听命于中央的大理国政权。

一字一世界

用斧劈开木柴——析

xī
析

甲骨文

金文

小篆

隶书

楷书

甲骨文、金文和小篆的"析"字，都是左右结构的会意字。左边的"木"字作形符，表示跟"树木、木柴之类"有关。

"析"字右边的"斤"字指"斧头"。在甲骨文、金文及小篆中，"斤"字都是象形字。字形就像一把横刃的斧头形。隶变后的楷书写作"斤"，本义指"砍木头的横刃斧子"。"木"字与"斤"字组合，指"用斧子劈木柴"。

金文的字形承接甲骨文，但稍有变化。小篆的字形承接金文，使其整齐化。楷书的字形由小篆演变而来，写作"析"。

"析"字的本义指"劈木柴"。用来烧火煮饭的木柴草料称为"薪"，所以用斧子劈木柴也称"析薪"。"析"字由本义引申指"分开、分散"，如：形容国家或集团崩溃解体、不可收拾称"分崩离析"。还有"析出"、"离析"等词。

"析"字假借指"解释"。如：解释疑难称"析疑"；剖解分析称"剖析"；把事物或现象分解为几部分或几个方面，从中找出各部分的本质属性和彼此之间的关系称"分析"；详细地分析称"缕析"；逐条地加以分析称"条分缕析"。还有"辨析"、"解析"、"析义"等词。

"析"和"赏奇析疑"

"析"字主要指"分析",如:破析、赏奇析疑。

成语"赏奇析疑",形容欣赏前所未见的文章,分析有疑难的问题。多指相互切磋商讨。

说起这一成语的出典,有段诗词故事。

东晋大诗人陶渊明,他不愿做官,刚到中年,便辞去彭泽县令,回到老家柴桑隐居务农,这地点就在今日江西九江市西南一带。他在这儿过起了惬(qiè)意的田园生活,这是他最理想的生活。

陶渊明后来搬到今日九江市郊的南村。南村又称"南里",他的老朋友颜延之、殷景仁等人也住在这里。这样,他在耕田种地之余,常和这几位志同道合的老友聚在一起吟诗作对,谈古论今。他搬家后,曾写过两首《移居》以志纪念。

第一首的原文是:

> 昔欲居南村,非为卜其宅;
> 闻多素心人,乐与数晨夕。
> 怀此颇有年,今日从兹役;
> 敝庐何必广。取足蔽床席。
> 邻曲时时来,抗言谈在昔;
> 奇文共欣赏,疑义相与析。

在这首诗里,陶渊明用充满欢悦亲切的笔词,写出了搬家后与朋友乡邻朝夕相处的情景。

后人将诗的末两句"奇文共欣赏,疑义相与析"缩简为成语"赏奇析疑"和"奇文共赏"。"赏奇析疑"中的"析"字指"分析疑难",有"研究、探讨"的意思。这也从侧面反映了共赏的"奇文"自有它的高明之处,要人们共同分析才能欣赏到它的妙处,这与原诗的意思是一致的。"奇文共赏"这一成语与原诗的意思就大不一样了。这里的"奇文"属怪异错误或文词不通的文章,将它公布于众,让大家贬斥它,出出它的丑,含有奚落讥讽和批判之义。"赏奇析疑"也作"赏文析义"。

一字一世界

用心辨别知详尽——悉

xī 悉

小篆 悉
隶书 悉
楷书 悉

小篆的"悉"字是个上下结构的会意字。"悉"字下面的"心"字指"人的心脏"。古人认为人的心是思维器官，一切思想意识都是由心产生的。

"悉"字上面是"采"字，这个字读"bián"，在甲骨文中是个象形字，字形像兽的蹄子和爪掌的印子。金文还画出了蹄腕。小篆使其整齐化，隶变后的楷书写作"采"。注意，这个字不是从"木"的"采"字。

"采"字的本义指"兽蹄脚印"。古人除了种植，也以捕捉鸟兽为生。在捕捉过程中，要辨别兽蹄爪印得知兽类的活动方向，由此"采"字便引申指"辨别"、"分别"之义。"采"字与"心"字组合，指"用心去辨别就能掌握详细的情况，就能明白事理，找到方向"。

楷书的字形由小篆演变而来，写作"悉"。

"悉"字的本义指"心里识别得清清楚楚"，由本义引申指"全尽"。如：都列举出来称"悉数"；用尽所有的心思称"悉心"；尽全力称"悉力"。

"悉"字由本义引申指"知道、明白"。如：得知某种消息或情况称"获悉"；知道、了解称"知悉"；详细地知道称"详悉"；高兴地知道称"欣悉"；从所得到的消息中知道称"据悉"；探问打听后得知称"探悉"；非常清楚地了解称"洞悉"；详尽、完全知道称"备悉"。

"悉"与"悉心"

秦穆公是个刚愎自用且好战的人，他准备派兵偷袭郑国，老臣百里奚和蹇（jiǎn）叔全力反对，并详细分析了此战必败的理由：秦国与郑国相互友好，怎能无端攻击郑国？出师无名，且又不仁不义。再说郑国离秦国路途遥远，长途行军，怎能不惊动郑国？这么远的路，粮草物资如何供应？但秦穆公充耳不闻，一意孤行，仍派孟明视、西乞术和白乙丙三位大将率兵向郑国进军。

郑国远离秦国，对此事尚不知晓。正巧郑国有位贩牛的商人，赶着牛群经过郑国与晋国交界的小城"滑"。这"滑"地方虽小，但也算个国家，就在今日河南偃师附近。这卖牛的商人名叫弦高，是位爱国之士。他发现大批秦军，并听说他们要偷袭郑国后，当机立断，派手下人立即回郑国报警，自己则赶着十二头牛去拜见秦军将领，说是奉郑国国君之令，来慰劳秦军的。

孟明视信以为真，他以为偷袭郑国的消息已被郑国知道了，偷袭无望，只好撤兵。临走时顺便灭了滑国，便往回撤退了。

谁料到，此事惹恼了晋国。晋国国君刚去世，新接位的晋襄公认为秦国灭滑国是存心侵犯晋国，于是在崤（xiáo）山向秦军发起进攻。秦军大败，连孟明视三位大将都被俘虏。晋襄公本想杀了他们，但他的母亲是秦国王室的女儿，她为这三人求情说："穆公不会放过这三个人，放他们回去，让穆公去处治吧！"晋襄公就将三人释放了。

孟明视三人回到秦国，只见秦穆公身穿白衣，站在城门口迎接他们，并声泪俱下地说："因我未听百里奚和蹇叔的话，以致全军覆没，也使你们蒙受羞辱，这全是我的错，不怪你们。你们要尽心尽意报仇雪耻，切不可泄气啊！"

他的原话是：子其悉心雪耻，毋怠！

秦穆公将三人加官进爵，厚待他们，重用他们。三年后，这三人率军攻打晋国，大败晋军于崤山，报了当年的一箭之仇。

这段历史，留下了秦穆公所说的"悉心"一词。"悉"，就是"全心全意、尽心尽意"。"悉心"如今成了常用词。

一字一世界

走在小路上——蹊

xī
蹊

蹊 小篆

蹊 隶书

蹊 楷书

　　小篆的"蹊"字是个左右结构的形声字兼会意字。左边的足字旁是形符，表示跟人的脚有关，右边的"奚"字读"xī"，作声符并会意。"足"字与"奚"字组合，指"人走在小路上"。

　　"足"字在甲骨文中是个象形字。上面的方口形像人的膝盖；下面像脚，是条小腿的形象。金文作简化，小篆文字化，隶变后的楷书写作"足"，作偏旁时写作"⻊"。因"蹊"字是指走在小路上，这跟"足"有关，所以古人用"足"字作"蹊"字的形符。

　　古人为什么用"奚"字作"蹊"字的声符呢？

　　甲骨文的"奚"字是个会意字。左上方是"爪"字，表示"手"。右下方是"幺"字，读"yāo"，像一小把细丝形，本义为"细丝"，这儿指"绳索"。下面是个"大"字，指"人"。三个字形组合成"奚"，本文指"人手持绳索拘系犯罪人"，也泛指"奴隶"。远古时代罪人一般都被罚为奴隶。而奴隶被视为供人驱使的"小人"，因而"奚"字也有"小"意。"蹊"字表示"小路"，与"奚"字的"小"意相吻合，所在古人用"奚"字作"蹊"字的声符并会意。

　　"蹊"字的本义指"小路"，"小路"也称"蹊径"。成语"独辟蹊径"指"独自开辟一条新的道路"，比喻独自开创一种与众不同的新风格或新方法。"蹊"字是个多音字，读作"qī"时，表示"奇怪、可疑"，这就是"蹊跷（qiāo）"。如：这事儿有点蹊跷。

"蹊"和"下自成蹊"

有句成语叫"桃李无言，下自成蹊"，其中的"蹊"字就是指"小路"。这句成语原指桃树和李树，虽然属树木，不会向人打招呼喊人过来，但其花鲜艳美丽，果实甘甜美味，因而引人喜爱，摘果子的人纷至沓来，树下自然会走出一条路来。这句话用来比喻为人真挚忠诚，受人敬仰，自然会深得人心，会有极强的号召力。说起这一成语的出典，有段历史故事。

西汉初年，有位名将李广。他是陇西成纪人，武艺高强，骑马射箭，百发百中。他从汉朝第三代汉文帝时入伍，经汉景帝到汉武帝，一直驻守西北边疆，与匈奴作战七十余次，几乎参加了所有抵抗匈奴的战争。匈奴兵对他闻风丧胆，称他为"飞将军"，可汉武帝却没有重用他，甚至打击他。公元前119年，已是六十多岁老人的李广，在与匈奴作战时，因漫天风沙迷了路，以致延误了战机而受到责怪，他愤而举刀自杀，全军将士及百姓都为之失声痛哭。东汉史学家班固，在其写的史书《汉书》中，为李广写了传记，结尾时有这么一段赞颂他的文字：

李将军恂（xún）恂如鄙人，口不能出辞。及死之日，天下知与不知，皆为流涕。彼其中心诚于士大夫也！谚云："桃李无言，下自成蹊。"

这段话的大意是：李将军忠厚老实，就像个极其平常的人一样。他不善言辞，平时沉默寡言，很少说话。他去世时，全国那些认识或不认识他的人，都为他痛哭流涕，可见他是一贯忠诚于国家，忠心于汉王的。他的这种精神，比那些嘴上说得动听的士大夫们不知要崇高多少倍啊！正如俗话所说："桃李无言，下自成蹊。"

后人将"桃李无言，下自成蹊"作成语流传下来。唐朝学者颜师古为这句话所作的解释是：桃李等树木不会说话，从不自我宣扬，但桃树李树下前来看望的人千千万万，络绎不绝。因为桃树李树开出了美丽鲜艳的花、结出了香甜美味的果实，这些能供大家欣赏和享用，它们用不着自我吹嘘，也会受到欢迎和敬仰。

xī
稀

禾苗种得稀疏

　　小篆的"稀"字是个左右结构的形声字兼会意字。左边的"禾"字作形符,表示跟"稻谷禾苗"有关。右边的"希"字作声符,读"xī"。这两个字形组合在一起,指"禾苗宜插得稀疏一些为好"。

　　因"稀"字主要是讲禾苗,所以"稀"字以"禾"为形符。古人为什么用"希"字作"稀"字的声符呢?

　　小篆的"希"字是个会意字,上面的字形是交织的竹篱笆形,指"竹篱笆",下面是个"巾"字。这两个字形组合在一起,指"像篱笆一样织得稀疏的麻布"。隶变后楷书写作"希"。这个"希"有"稀疏"之义,它是"稀"字的本字,是最早的"稀"字。后来"希"字作了偏旁,又假借指"希望、希冀"之义,古人就在"希"字左边加了"禾"字,用来表示"稀少"之义。因"希"字就是"稀"字的本字,所以古人用"希"字作"稀"字的声符兼会意。

　　楷书的稀字由小篆演变而来。

　　"稀"字的本义指"事物之间的距离远、空隙大",如:稀疏、稀朗、地广人稀、古稀之年。

　　"稀"字由本义引申指"浓度小、含水分多的",如:稀薄、稀饭、稀粥、和稀泥。由上义又引申指"少",如:稀罕、稀客、稀奇、稀有。

稀 小篆

稀 隶书

稀 楷书

"稀瓜"和"西瓜"

我们每天吃的瓜果蔬菜，其名称都大有讲究，有不少还能讲出段故事来。

胡萝卜原产自亚洲西南部。宋朝年间，由伊朗引入中国。可见宋朝和元朝的时候，我国对外交流已十分频繁了。

"胡"字，在汉语中指"北方或西域少数民族"，后来词义演变，人们把外国人都称为"胡人"。胡人穿的衣服叫"胡服"，从西域传入的"萝卜"称"胡萝卜"。

我们常吃的黄瓜，鲜嫩清香，十分可口。因其颜色青翠可爱，浑身带刺，照理说应称之为"青瓜"，或叫"刺瓜"，为什么却称"黄瓜"呢？它从里到外，没一点黄色啊。这说来有段故事。

黄瓜不是中国土产，它来自古域，即今日玉门关以西的中亚细亚等地区。在南北朝时期，北方有个少数民族叫羯（jié）族，其中有位首领叫石勒，这石勒建立了后赵政权。他登基当皇帝后，对百姓称羯族人为"胡人"十分恼火，于是颁布了一条法令：凡说话写文章，严禁出现"胡"字，违者格杀勿论。所以人们只好将"胡瓜"改称与其谐音的"黄瓜"。

冬瓜本是夏天成熟，在夏天吃的，为何称为"冬瓜"呢？这是因为冬瓜在成熟之际，表面有层白粉状的物质，就像冬天所结的白霜，故称"白瓜"，也称"冬瓜"。

至于说到西瓜，那就更有来头了。西瓜是盛夏时人们消暑解渴的最佳果品，西瓜里面的果肉含有大量水分，吃起来味道甜美，清凉可口，浸润心肺，让人赞不绝口。相传，最早是神农氏发现了西瓜，由于瓜形圆且大，瓜内水多肉少，故称"稀瓜"。千百年来，人们口口相传，不知何时，误将"稀少"之"稀"错读成谐音字"西"字，如今读成了"西瓜"。不过此说有些勉强。据明代科学家徐光启《农政全书》记载："西瓜，种出西域，故名之。"有人考证，确切出产地是埃及，后来传入中国。由此可见，西瓜是因出自西域而得西瓜名。南瓜也是这样，出自中南美洲，所以称"南瓜"。

一字一世界

皮厚粗壮的独角犀牛

xī 犀

犀 金文

犀 小篆

犀 隶书

犀 楷书

  犀牛是一种外形像牛的哺乳动物，颈子短，四肢粗大壮实，全身毛稀少，表皮粗厚而且多皱纹，皮毛呈微黑色。它的角生在鼻子上，有的前后排列两只角，有的还生三只角，但大都只有一只角，终生不脱落。

  犀牛角角质坚硬，属珍贵稀有药材，人们还将犀牛角制成精美的工艺品。

  "犀"字在小篆中是一个形声字兼会意字。因犀牛像牛，所以用"牛"字作形符，以"尾"字作声符，读"wěi"。

  古人为什么用"尾"字作"犀"字的声符呢？有人认为，因为"尾"字有"尾巴、末端"的意思，表示犀牛跟黄牛、水牛、牦牛相比，最不像牛，故放在"牛"类的末尾。所以"犀牛"的"犀"字以"尾"字作声符并会意。

  这一说法，似乎有点勉强。

  也有人认为，"犀"字从"尸"、从"水牛"。"尸"，指犀牛皮厚且粗，好像古代武士身上披的盔甲。"尸"下面是"水牛"二字，指犀牛的生活习性像水牛一样，怕太阳曝晒，常在沼泽及泥塘里作水浴或泥浴。"犀"音通"稀"，犀牛属珍稀动物，分布在非洲和亚洲热带雨林中。我国古代云南、贵州等地有过犀牛，据说曾是今日印度尼西亚苏门答腊"苏门犀"的故乡。

  "犀"字的本义指"犀牛"，如：犀牛角。

  "犀"字假借指"锋利、锐利"，如：犀利、目光犀利、文笔犀利、谈锋犀利。

  "心有灵犀"中的"犀"字，指犀牛角有白纹，感应灵敏，所以用来比喻心领神会，感情共鸣。

为崇祯皇帝测生死——犀

明朝末年,农民起义风起云涌,各路起义军杀奔京城,眼看大明王朝就要灭亡了。民间流传着好多有关明王朝灭亡前的测字故事。

其中有一段以"犀"字为崇祯皇帝测生死的小段子。

却说大明江山岌岌可危,分散在各地的巡抚乃至总督,一个个惶惶不可终日,既怕被起义军所杀,又怕承担背叛朝廷的恶名。他们都关注京城崇祯皇帝的生死,再考虑自己是战还是降的决定。山西巡抚耿如杞也是举棋不定,这天,他派人请来测字名家郑仰田,让他对眼下形势预测一番,为自己的决策作个参考。

耿巡抚摆出神情淡定的样子,一边跟郑仰田下象棋,一边聊时事。棋下到一半,他举起"马"问郑仰田:"北方张大司马率兵增援京城,保护皇上,你看能行吗?就以这棋子'马'来测吧!"

郑仰田看着棋盘,说:"象棋中的'马'走的是'日'步,而今日大雨,江河泛滥,洪水遍地,路上泥泞不堪,大司马恐难解京城危难。"

耿巡抚认真地听着,不经意间,拿起桌上用犀牛角雕成的酒杯说:"如若贼兵攻入皇城,是否能将皇上削为平民,留他一命?"

郑仰田问:"此事重大,大人以何相测?"

耿巡抚玩弄手中的犀牛角杯说:"以此求测。"

郑仰田当即答道:"'犀'字乃'尸'字附身。'尸'者,'死'也,皇上离驾崩(bēng)不远了。"

耿巡抚又问:"若皇上混于百姓中,能否逃出京城?"

郑仰田斩钉截铁地说:"绝无可能。皇上即使想出走,为时已晚。因'犀'字加走之旁,就是'遲(迟)'字啊。说不定,皇上今日已死。"

正如郑仰田所说:1644年3月19日,崇祯皇帝朱由检登煤山自缢而死。明朝灭亡。

易熔的金属元素——锡

xī
锡

甲骨文

金文

小篆

隶书

楷书

甲骨文的"锡"字是个象形字。左边的三点像锡块的熔液，右边的字形像已凝固的锡块。这个字形告诉我们：这是一种银白色、易熔化的金属元素。

金文的字形由甲骨文演变而来，变成了由"日"和"金"作形符，由"易"字作声符并会意的左右结构的形声字兼会意字。

在古代"锡"字里，"日"字表示"强烈的热量"。右面的"易"字读"yì"，左面的"金"字表示"金属"。这三个字形组合在一起，表示"在热量的作用下易熔化的金属"，这便是"锡"。

古人之所以用"易"字作"锡"字的声符，就是因为"易"字有"容易"之义，而"锡"又是容易熔化的金属，所以古人才用"易"字作"锡"字的声符并会意。

也有人认为，对"锡"字中的"易"字不必过度解读，仅仅是作声符而已。"锡"与"赐"本是同一个字，到隶变后的楷书才分化为两个字的。

"锡"字的本义指"金属元素锡"。常用的词汇有：锡箔、锡匠、锡矿、锡纸、焊锡等。

"锡"字也是江苏无锡市的简称。

阎"锡"山游无锡锡山

讲这个小故事，得先交待"一人""一地"。"一人"是山西军阀、国民党官僚阎锡山。他早年曾留学日本士官学校，辛亥革命时被举为山西都督，长期盘据山西，成为拥据一省的军阀。"一地"是江南文化名城无锡。无锡是江南水乡富庶之地，商业发达，市场繁荣，人杰地灵，且风景秀丽，地处太湖之滨，城郊有惠山、锡山。这个故事就发生在1929年春的锡山。

却说这年春日，阎锡山作为山西都督，到南京开会。会议休息期间，他一时兴起，来到无锡游玩。

到得无锡，他扮作游客，找了一位向导，也就是今日的"导游"。这导游姓吴，五十来岁，是土生土长的无锡人，取名锡生。

吴锡生见多识广。他对阎锡山已到无锡有所耳闻，今日见此人气度不凡，便认定他就是阎锡山。吴锡生与众多百姓一样，饱受军阀混战之苦，所以对这大军阀有厌恶之心。

阎锡山先参观东林书院，又泛舟蠡湖，最后来到锡山。吴锡生陪他登上锡山，阎锡山环顾四周，不解地问："你说此山是锡山，贵县却为何称'无锡'呢？既然没有锡，又怎能称'锡山'？"

吴锡生略一沉思，答道："无锡建城已有两千一百多年，这锡山之所以称'锡山'，就是因为这山里有锡。因为有锡，一时间，采锡者蜂拥而至，豪强胡作非为，占地为王，于是相互争斗，大开杀戒，为的是开采锡矿，冶炼成铅锡。百姓整日生活在争斗与厮杀中，真是苦不堪言。后来这锡山的锡被开采一空，采锡者各自散去，这儿就相安无事了，百姓才过上安生的日子，因此这地方就取名为'无锡'。古语说'有锡兵，天下争；无锡宁，天下清'。我们无锡人俗话说叫'有锡民则乱，无锡民则安'，所以这锡山没有锡反而造福百姓啊。"

此人左一个'锡山'，右一个'锡山'，听得阎锡山心烦，更令他不快的是，这向导似有借讨厌锡山有锡之意，发泄心中不满。阎锡山虽心中不满，又不便发作，便挥挥手，打发这吴锡生走了。阎锡山当晚就回南京去了。

一字一世界

暴晒使其干燥——熙

xī 熙

金文
小篆
隶书
楷书

古代的"熙"字是个上下结构的形声字兼会意字。上面的"配"字是声符,读"yí"。下面的四点是"火"字的变形,表示跟"火"有关。这两个字形组合在一起,指"暴晒使其干燥"。要使物体干燥,莫过于用火烤了,所以古人用"火"字作"熙"字的形符。

古人为什么用"配"字作"熙"字的声符呢?因为古代的"配"字指"人的宽下巴",后来引申指"人的面颊"。人在愤怒、羞愧乃至激动兴奋时,常常会面红耳赤,如同被火烤或被太阳晒的样子,所以"熙"字用"配"字作声符并会意。

"熙"字的本义指"暴晒使其干燥",后来引申指"光明、和乐"。"和乐、温暖"称为"熙和"。"熙"字又假借指"热闹繁忙"。"熙熙"指"和乐的样子","攘攘"指"纷乱的样子","熙熙攘攘"形容人来人往,热闹而拥挤。"熙来攘往"也是指"非常热闹"。

人多才算热闹,热闹才能显示出人多势众,人多势众才显示出兴旺的气势,所以"熙"字在书面语中常用来表示"兴盛"。"兴盛的朝代"称为"熙朝",所以清圣祖玄烨把自己的帝号称为"康熙"。

"熙"字也作姓氏用。

不沾康"熙"大帝的光

中国有句俗话："行不更名，坐不改姓。"可见姓名的重要。现在有许多人专门研究取名字的学问，形成了具有中国特色的与汉字有关的姓名文化，使其成为一门取名艺术。由此，专门为人起名字的文化公司应运而生，相关专著也纷纷出版发行。

作家颜煦之先生也乐于此事、精于此道，曾为不少人起过名字，改过名字，可他却为自己名字中的一个字纠缠不清，苦恼不已。这个字便是当中的"煦"字。

"煦"字有"湿润温暖"之意。这个字常作人名用，但用得不多。"煦"字有个近邻"熙"字，这两个字在形、音、义上极为相似。但"熙"字词义更具浓烈突出的色彩，它本义指"火烤、暴晒、干燥"之义，又引申指"光明、热闹、兴旺、有气势"这层意思。清朝历史上有个"康乾盛世"，指的就是康熙大帝和乾隆皇帝。这两位都在位六十多年，这在历史上实属少见，恐怕也是沾了"熙"字的光。有人戏言，昔日韩国总统取名"朴正熙"，说不定也是想沾沾"熙"字的光。至于《红楼梦》中的凤辣子"王熙凤"，是位少有的女强人，她能说会道"爱出风头"爱热闹也爱挑事儿，用"熙"字为名，此乃实至名归，曹雪芹为此恐怕动足了脑筋。

一方水土养一方人。颜先生是苏北水乡人，性格如水，柔和平稳，不求大起大落、大富大贵，只求平平安安、平平常常，做个温柔敦厚的人，不做那种轰轰烈烈、叱咤风云的人。但令他烦恼的是，几十年来总是有人硬要把他和康熙大帝绑在一起。在他创作、编写、主编的一百五十余本书中，将他的名字错印成"颜熙之"的就有近五十本。就连百度网页上，他也有两个名字。为此，他很无奈。每当到银行取款或办理其他手续时，他总是先递上一个工工整整的"煦"字，并再三关照不要写成"熙"字。每当他向出版社或报刊杂志的编辑寄交书稿时，总要附上一句话："切莫拿康熙大帝，欺负你的煦之大爷"。他坦言："'熙'字太盛，还是回归苏北人的本色，平淡些，不沾康熙大帝的光。"

一字一世界

大腿小腿相连处的膝盖

xī
膝

小篆
隶书
楷书

小篆的"膝"字是个左右结构的形声字。左边的"月肉旁"作形符，表示跟"人的肌肉"有关。"膝"字右边的"桼"字读"qī"，作声符。

"月肉旁"跟"桼"字组合，指"人的大腿和小腿相连的关节的前部"。因是指人的大腿和小腿关节相连处，跟人的肌肉有关，所以古人用"月肉旁"作"膝"字的形符。

楷书的字形由小篆演变而来，写作"膝"。

"膝"字的本义指"膝盖"。大腿和小腿相连的关节的前部称"膝盖"。儿女幼时，依偎于父母膝旁，故称"膝下"，表示"幼年"，又用于书信的开头，表示对父母的尊重。旧时子女给父母写信，开头一句往往是"父母大人膝下"，以此表亲近。书信中也用"膝下"代称"父母亲"。如：儿久离膝下。

膝盖骨即"膝盖"。"护膝、盘膝、屈膝"中的"膝"字都是指"膝盖"。低头弯腰，跪倒在地，形容没有骨气，一副谄媚奉承的奴才相称"卑躬屈膝"。卑躬屈节地向人拍马讨好，如同奴婢或侍女的膝常常下跪称"奴颜婢膝"。"膝"字不能读成"qī"。

"膝"和"奴颜婢膝"

"膝"字作名词用,就是"指人的膝盖"。

成语"奴颜婢膝",形容卑躬屈膝奉承巴结的样子。说起这一成语的出典,有段历史故事。

北宋王朝由赵匡胤当皇帝开始,到被金国灭亡为止,一共统治了一百六十七年。赵构继承皇位后,把国都迁到了临安,即今日浙江杭州。这个偏安南方的宋王朝,历史上称"南宋"。赵构就是南宋的第一个皇帝宋高宗。一晃三十多年过去,到了宋度宗时期,由奸相贾似道把持朝政。当时,元朝皇帝忽必烈,正率军大举南下,想把宋朝全部灭亡。贾似道身为宰相,他不顾大敌当前,只知贪图眼前富贵,陷害抗元的文武大臣。他谎报军情,暗中勾结元朝,干丧权辱国的勾当。他一味迎合宋度宗,斗蟋蟀、玩宝物,过奢侈享乐的生活,以致国土渐渐丧失,局势越来越危险,最后到了不可收拾的程度。

朝中有位谏官名叫陈仲微,刚正不阿,敢于直言。他上书宋度宗,指责皇帝和宰相昏庸误国,指出"君道相业,两有所亏",就是说为君之道和当宰相的业绩都很差。他还直言不讳地指出,一百多年前的宋徽宗和宋高宗也是这样,君是昏君,相是奸相。那些乱臣贼子,都是竭尽奉承皇帝之能事,骄奢淫逸,享受荣华,最后都投降敌国,向敌国称臣。陈仲微在上书中要求宋度宗和贾似道以徽宗、高宗事例为鉴,切勿把国家弄到灭亡的地步。

在《宋史·陈仲微传》中,记载了陈仲微在谏书中的一段话,其中用"俯首吐心,奴颜婢膝"这两句来形容贾似道这帮奸臣贼子的丑态。

"俯首吐心",是指这帮奸贼对敌国低下头,心甘情愿地称臣。"奴颜婢膝",指这些卖国贼一个个卑躬屈膝,向敌国献媚求宠,好似家中的女婢,每当见到主人时都要脸露笑容,两腿膝盖弯曲,好像要跪下来似的。这是一副十足的奴才相。

后人将"奴颜婢膝"当作成语流传下来。用"奴才的面孔,婢女的双膝"来形容卑躬屈节,向人拍马讨好。

气舒展而出——羲

xī
羲

小 篆

隶 书

羲
楷 书

小篆的"羲"字是个右上包围结构的会意字，它由两部分组成。右上方的字形是"義"字。这"義"字左上角是个"兮"字。现在我们分开来讲。

古代的"義"字是个会意字。上面是"羊"字，下面是"我"字。而"我"字是由"刀"和"戈"组成，在这儿表示"用刀锯宰杀牛羊以祭祀祖先神灵"。

再说左下角的"兮"字，这个字读"xī"，甲骨文的字形是个指事符号，下面是一种乐器形状，上面两点象征吹奏乐器时上扬的声气。金文将声气变成了"八"。小篆将乐器的形状进一步弯曲，隶变后的楷书写作"兮"，本义指"吹奏的乐声上扬"。由本义引申指语气助词，表示感叹，相当于现在人们常说的"啊"和"呀"。

现在回到原先说的话题，"義"字与"兮"字组合表达的是什么意思呢？这很好理解。"義"字表示"宰杀牛羊用来祭祀祖先神灵"，这些牲畜经宰杀烧煮后供在案桌上，肉的扑鼻香气不断升腾，以达上天，让神灵和祖先享用。"香气舒展而出"的意思由"兮"字来表示，这样，"羲"字"气舒展而出"的本义就充分表达出来了。

在汉字中，"羲"字作"伏羲氏"的简称。"伏羲氏"是中国神话中人类的始祖。传说人类由他和女娲（wā）氏兄妹相婚而产生。又传他教民结网，从事渔猎畜牧，是人类的始祖。

"羲"字也作姓氏用。

秀士仗"羲"致干戈

这年，郑仰田来京城开馆，以测字谋生。这天一早，一位中年汉子推门进来，面容憔悴，神情沮丧。郑仰田端茶让座，问测何事，测何字。

来人长叹一声，道："在下郑正，仰慕先生大名，特来求测'羲'字，问生老病死，尚能活否？"

郑正道："家严郑崇羲，仍当朝官吏，因与某当权者政见不合，被诬陷报复，入狱已一年有余。家严秉性刚强，宁折不弯，在狱中受尽折磨，不知死活。他少年时酷爱书法，崇敬书圣王羲之，改名郑崇羲，故请先生测个'羲'字，看家严命运如何？"

郑仰田知道郑崇羲其人。他提笔写了个"羲"字说："一笔写不出郑字，你我本家哟。先生莫哀叹。就这'羲'字看，上面是'羊'字头，左下方是'秀'字尾，右下方是'戈'字脚。从'羊'，代表'真善美'。从'秀'，指内心秀实。从'戈'，代表半个'我'字。三者结合，讲这个人心地善良，为人朴实，这才是真人的境界。'羲'字只作人名用，也是华夏始祖'伏羲'的专用名。令尊大人因敬仰王羲之而用此字，也是名下无虚，与他人品相符。"

郑正道："家严常教导我为人要正直仗义，故为我取名'郑正'。他为官从不以权谋私，干那些不仁不义之事……"

郑仰田道："'羲'字里有个'秀'字，正是令秀士的写照。'羲'字又有'义'字形，正是令尊仗义、正义之象征。若是将'羲'字拆解得更细一些，上有'羊'字，此乃'祥'字之半；左下有'禾'字，此乃'和'字之半；再下面还有'巧'字之半；右下有'我'字之半。将此字梳理得干干净净，看不到一点死兆，闻不到一点阴森之气，如若正巧碰上皇帝开恩大赦，令尊会官复原职的……"

郑正追问道："那家严眼下会有何变化呢？"

郑仰田道："令尊敬仰王羲之，王羲之官至右军，以此推测，令尊当遇军罪，发配到边远地区，几年后可返回……"

据说，郑崇羲当年发配到甘肃，不久便被召回。

一字一世界

小鸟学习飞翔

xí 习

甲骨文
金文
小篆
隶书
楷书

从甲骨文的字形看,"习"字的上半部是"羽"字,这可理解为小鸟的羽毛,或一对翅膀。下半部是"日"字,也就是太阳。翅膀和太阳组合在一起,显然是个会意字。有人理解为:太阳升起,鸟儿拍打着翅膀,飞出巢穴。

也有人认为,这表示小鸟在阳光下练习飞翔。

繁写的"习"字,也曾写为"習"。上面是"羽"字,下面是个"白"字。古代的"白"与"自"是同一个字,而"自"在古代又被看作是"鼻"。在这里,上面是"羽",下面是"鼻",有人理解为:小鸟练习飞翔时十分吃力,以至鼻孔不停地喘气。这种说法有些勉强,可能是将"日"字错看成"白"字了。

尽管人们对繁写的"習"字有不同的理解,但"小鸟在阳光下学习飞翔"这层意思是一致的。正因如此,所以"习"字的本义就是"反复地学、练",如:练习、学习、温习;"因反复接触而变得熟习",如:习以为常。

"习"又引申为表示"长期形成的不易改变的行为或作风",如:习性、习气、习惯。

"习",也是个姓氏。

唐·怀素《草书千字文》

唐·孙过庭《书谱》

君臣四人说"习"字

繁写的"习"字为"習",上面是"羽"字,下面是"白"字。史书上记载着这么一个故事。

北魏的孝文帝颇有文才,为人也谦和,常和大臣们在一起喝酒吟诗,偶尔也搞点文字游戏,也算是与臣同乐。

这天,孝文帝在宫殿设宴,与群臣畅饮,众人酒酣极欢。

席间,孝文帝举起手中的酒杯,对群臣说:"朕有个字谜,'三三横,两两纵',谁能猜出,赐此金钟。"

古时,金钟也称"酒杯",酒杯又称"大白"。这"三三横,两两纵"再加酒杯,是个什么字呢?

御史中尉李彪接口说:"臣先不说出此字,只说其义。'沽酒老汉倒酒如注,滴酒不漏;卖肉屠夫割肉,重量与秤相同。'"

尚书左丞相甄琛说:"老朽按李大人所说,也添两句,看是否是此字。'吴人常游水,入水如蛟龙。'"

大臣王勰站起来,对皇上及李、甄二人一一施礼说:"如此说来,此字当为'习'字了。"

孝文帝点头称是,随后将手中的金钟赐给了王勰。

原来,"三三横",也就是"三三得九",即九横。"两两竖",也就是"二二得四",即四竖。九横四竖是"習"字的总笔画。"金钟"即酒杯,也称"大白"。"羽"加"白"即为"習"。

严格地讲,"羽"字中的四横算不得四横。重要的是,李彪和甄琛的回答,不是讲"习"字的字形,而是从老汉、屠夫、吴人的行为说明了"习"字的本义,指的是只有经常、反复练习的人才有这等功夫,以此暗指"练习"的"习"字。

一字一世界

供坐卧用的席子

xí 席

甲骨文 囡
金文 㡯
小篆 席
隶书 席
楷书 席

"席"字说来较为复杂。甲骨文的"席"字是个象形字，与"因"字同形，都像长方形的席子，上面还有编织花纹。金文的"席"字改为由"巾"字和"厂"字组成，"巾"字在甲骨文中像一条下垂的毛巾，引申指"用来覆盖或披在身上的织物"。"厂"字读"chǎng"或"hǎn"，是个象形字，本义指"山崖"，后来表示"宽敞堆物的简易房子"。"巾"字与"厂"字组合，表示"坐卧用的宽大的席子"。

小篆的字形由金文演变而来，写作"席"，变成了一个左上包围结构的形声字兼会意字。下面的"巾"字是形符，表示跟编织物有关。左上方是"庶"字简省的写法，这个字读"shù"，在这儿作声符并会意。这两个字形组合在一起，指"供人坐卧的用具"。

古人为什么用"庶"字作"席"字的声符呢？"庶"字有"众多"的意思，如百姓、平民众多称为"庶民"。而供人坐卧的席子用于接待众多来客，也有"众多"之义，所以古人用"庶"字作"席"字的声符并会意。

"席"字的本义指"供坐卧的垫具"，后泛指"用竹篾、草编成的东西，既可铺床铺炕，又可用来搭棚子"，如：席地、席子、凉席、芦席、枕席、竹席。

"席"字由本义引申指"席位、座位"，如：列席、出席、首席、硬席、坐席。由此又引申指"成桌的饭菜"，如：酒席、宴席。

"席"字也作量词用，如：一席酒宴、听君一席话。

"席"字也作姓氏用。

"割席""避席""宴席""筵席"

成语"扇枕温席",说的是东汉时期,江夏(今日湖北境内)有位孝子名叫黄香,九岁时便懂得孝敬父母。夏日炎热,他用扇子扇父母蚊帐枕席,赶走蚊子,使枕席清凉,让父母入睡。冬天寒冷时,他用体温焐暖父母的被子,使父母安然入睡。故人称:"天下无双,江夏黄香。"

三国时,魏国有个叫管宁的人,与同窗好友华歆(xīn)同坐一席,后因性格不合,志向不一,管宁用刀将同坐的席子割成两半,两人分开坐,以"割席"表示断绝朋友关系。

相传孔子在讲学时,问坐在他身边的学生曾子一个问题,曾子连忙站起来,离开席位回答问题,以示尊敬。这叫"避席"。

"温席"、"割席"、"避席"这些已成为历史掌故了。今人大宴宾客时必说"宴席"或"筵席",其实这两种说法不是一码事。古人所铺的席子是用苇篾、竹篾或草编成的,席子不止一层。铺在最下面紧贴地面的大席子叫"筵","筵"上面一层每人一座的小席子,称"席",合起来叫"筵席"。"筵席"指"酒宴时的座位和陈席",包括桌上的酒菜配置,菜肴的上法、吃法。"宴席"是在"筵席"的基础上加了一套套礼仪程序,如贵宾讲话、主人致词、乐队奏乐等。婚宴的花样就更多了。

古人对何时铺席也是有规矩的。春秋战国时,齐景公带国相晏子等大臣出城打猎。吃饭时众人坐地下,晏子来迟了,他令随从割来芦苇铺地上当席子。齐景公不满地说:"寡人与众大臣都坐地上,而你当何铺席而坐?"

晏子答道:"礼仪有规定,武士临阵作战不可铺席;诉讼断案不可铺席;参加葬礼不可铺席,凡此都是忧事。今日我若拿忧事来陪您坐着,岂不是失礼了吗?"齐景公听了,点头称是,忙令人割来芦苇铺席让大家坐。

看,一个"席"字,引来之么多故事,哪种文字有这等魅力?真是"一字一世界,一字一故事"啊。

一字一世界

双脚在路上走——徙

xǐ
徙

甲骨文

金文

小篆

徙
隶书

徙
楷书

甲骨文的"徙"字，左边的"彳"，表示"道路"。右边上下相同的形状表示一前一后的两只脚，表示"双脚在路上走"。

金文的"徙"字跟甲骨文相似，只是脚的形状更为直观。

小篆的"徙"字，将表示道路的"彳"演变成三条斜斜的曲线，又将其中一只脚移到三条曲线下，这样就由"辵"和"止"组合成一个会意字。楷书又将左边的形状恢复为双人旁，成为今天的"徙"。

"徙"的本义是"迁移、搬迁"。

也有人认为，小篆的"徙"是个形声字。左边的"辵"是形符，"止"是声符，意为"脚在路上走"，本义也是"迁移"。"辵"是"彳"和"止"的组合，后来变为"辶"，也就是人们常说的跟"走路"有关的"走之底"。

"徙"由"迁移、搬迁"引申为"改变了居住环境"，如：迁徙、徙居。做官的改变了职务，也称之为"徙"。

除了"迁徙"的意思之外，"徙"在古文中特指"流放"，表示"被迫迁移"，如：流徙。

唐·褚遂良《枯树赋》

《草书韵会》

没个正经人——徙

明朝开国皇帝朱元璋，为了恢复和发展生产，推行屯田，奖励垦荒，兴修水利，丈量土地。他还均平赋役，迁徙富民，抑制豪强，将大批江浙一带的富豪迁徙到他的老家安徽凤阳一带，以防他们兴风作浪。

却说浙江绍兴有个富豪名叫李有顺，自迁徙到凤阳后，他不忘祖籍，对自己的家史年年讲、月月讲，儿孙辈们听得耳朵都长老茧了。

这年中秋节，李有顺和五个儿子在一起喝酒。三杯酒下肚，李有顺又想起从老家长途跋涉，一路迁徙的艰辛，不由老泪纵横，泣不成声，五个儿子也陪着哭。父子六人，借酒浇愁，一个个喝得酩酊大醉，东倒西歪。

端菜的厨师进来，一见这场景，悄悄退了出去，喊来账房先生，小声说："您老先生才高八斗，善于猜谜拆字，今日我出个字谜，您猜得出么？"

账房先生说："请讲。"

厨师指指客厅里的情景说："远望一堆人，近望六个人，仔细看一看，没个正经人。"

账房先生不愧是个猜谜高手，他眯眼一想，说："老东家最忘不了迁徙之事，你说的是个'徙'字。"

诸位，你们仔细看看，这"徙"字左边站双人，右边上下各窝两个人，这几个"人"都东倒西歪，真的没有一个正儿八经像个"人"字。

鼓声表达喜悦

xǐ 喜

甲骨文 喜
金文 喜
小篆 喜
隶书 喜
楷书 喜

在甲骨文中，"喜"字是一个会意字。上半部分是"鼓"的象形，下半部分是"口"，表示用嘴模仿鼓声的发音，整个字合起来就是人们以击鼓的方式表达心中的喜悦。

直到如今，我们遇到喜事或喜庆节日，也常常以敲锣打鼓的形式来表达心中的欢乐与喜悦。"喜"的本义就是"喜悦、高兴"，"喜在心里"、"狂喜"都是用的本义。

"喜"又引申为"爱好、喜爱"，如：好大喜功。

"喜"还指"可庆贺的事情，喜庆的事"。如金榜题名，快马加鞭去"报喜"；久旱逢甘露，人们就把这下得及时的雨称为"喜雨"；举行婚礼称为"办喜事"；结婚时招待宾客用的烟、酒、糖又叫作"喜烟"、"喜酒"和"喜糖"；新房还要贴大红"喜"字。"有喜"指的是妇女怀孕了，这也是值得庆贺的事情。

人们还常把美好的心愿寄托在某些事情上，如喜鹊又叫作"报喜鸟"，传说它的叫声能给人带来好运。

"喜"还表示"某种生物适宜什么环境"，如：喜光植物。

唐·颜真卿

明·董其昌

"喜"字三解

清朝咸丰年间，江南有个测字高手叫周亮工。有一天，周亮工的夫人怀孕了，他的侄子便写了一个大大的"喜"字，上门道贺。

周亮工看后，灵机一动，笑着对侄子说："从你写的这个字看，你婶婶可能在二十天后生产，而且生的是个女孩，不过你放心，她一定会平安无事。"

侄子听他说得神乎其神，非要他解释清楚不可。

周亮工说："将'喜'字拆开，当中有个'廿'，表示为'二十日'。下面又可以拆为'一'和'口'，从测字这一行来看，'一丁'为男，'一口'为女，所以我知道你婶婶将要生的是女孩。"

侄子追问道："那你凭什么肯定婶婶这次生产很顺利呢？"

周亮工哈哈大笑，指着"喜"字说："你没看见这个'喜'字的上面是一个'吉'字呀！"

一个"喜"字，经这位测字先生一分解，竟然说出了三件事：生孩子的时间；生个女孩；母女平安。三件事，说得滴水不漏，让人信服，可见这位测字先生对汉字的字形研究可算是到家了。

舞枪弄棒做游戏

xì 戏

金文 戲
小篆 戲
隶书 戲
楷书 戏

　　金文和小篆的"戏"字,是个左右结构的形声字兼会意字,以"戈"作形符,"虘"作声符,读"xī"。本义指"娱乐、玩耍"。

　　大家都知道,"戈"为古代的武器,凡与武器有关的,大都带"戈"。人们在娱乐玩耍时,往往喜欢舞枪弄棒,所以用"戈"作形符。

　　声符"虘",在古代是个官名,主管供帝王玩乐的设在郊野的行宫或园林,所以用"虘"作声符并会意。简化后的"戏"字,只是以"又"作符号,代替声符,没有具体意思。

　　"戏"的本义为"娱乐、玩耍",如:戏耍、嬉戏、调戏、游戏。

　　人们在游戏玩耍时,喜欢捉弄人,开点小玩笑。这样,"戏"就引申指"捉弄、开玩笑",如:戏弄、戏言、儿戏、逢场作戏。

　　"戏"字,有"娱乐玩耍"的意思,而古人最大的娱乐,莫过于看戏、看杂技或玩杂耍了,所以"戏"字又由本义假借指"剧"和"杂技"等,如:戏班、戏法、戏曲、戏剧、戏迷、戏院、武戏、唱戏、小戏、演戏、影戏。

东晋·王献之

宋·米芾《苕溪诗》

宋·苏轼

老导演说"戏"字

顾守业已六十多岁了，当导演四十多年，拍的电影与电视，连他自己也记不清有多少部了。眼下，他正带着大队人马，在西北荒原拍一部武侠片。

这天的拍摄进度不理想，演员们的表演不到位，缺少真实感。

为缓解演员们的压力，顾导演宣布提前收工，让大家各自回帐篷休息。

顾导演回到自己住的帐篷里，摊开宣纸，开始写字。顾导演的书法在影视界是出了名的，求他墨宝的人很多。写字，便是他最好的休息。

几位主要演员无心休息，纷纷到顾导演这儿谈心。他们见顾导演桌上写了好几个"戏"字，便我一张、你一张地抢起来。

顾导演忙说："别抢，一人一张，我写的'戏'字各不相同。"

演员们一看，可不，有的是繁体字"戲"，有的是简化字"戏"，有的是"虚"字旁加个"戈"字……

顾导演一一解释道："我拍了一辈子戏，最喜欢写'戏'字。繁体字不必细说。书法家往往喜欢把左边写成'虚'字，右边写成'戈'字，这是个俗体字。古人视人生如戏，'虚'即'虚假'，用假的武器打，那是闹着玩儿，不能当真，就像你们今儿，是打着玩儿，不是拍电影。"几句话，说得几位演员脸都红了。

顾导演又拿起简体字"戏"说："我更喜欢这简写的'戏'字。左边这'又'字，它表示'又是一个'，在这儿有重复的意思。右边是个真家伙'戈'，左边又来一个真的，两个真的对打，这样才入戏！我希望你们在注意安全的前提下，表演要逼真，不要虚假……"

几位演员看着手里的"戏"字，都认真地思考起来。

xì 细

丝和囟门都很**细**微

小篆的"细"字是个左右结构的形声字兼会意字。左边的"糸"作形符，表示跟"丝类"有关。右边是"囟"字，这个字读"xìn"，不是现在所写的"细"字中的"田"，那是隶变后楷书改为"田"字的。原先右边是"囟"字作声符并会意。

"丝线"与"囟"字组合，指十分"微小"。

因指的是"微小"，丝十分细，属微小事物，所以古人用"丝"字作"细"字的形符。

古人为什么用"囟"字作"细"字的声符呢？

在甲骨文中，"囟"字指"婴儿头顶尚未合拢的地方"，可以看到这儿的头皮有轻微的跳动，这就是婴儿头顶的脑盖，俗称"囟门"，也叫作"无门盖"。因为这囟门轻微跳动给人一种细微的感觉，所以古人用"囟"字作"细"字的声符并会意。

楷书的字形由小篆演变而来，将"囟"字改成"田"，写作"細"，现简化为"细"。

"细"字的本义为"微小、细小"，如：细小的环节或情节称"细节"；细微的差别称"细别"；小而零碎称"细碎"；细小微小称"细微"；细小柔弱称"细弱"；小雨称"细雨"。还有纤细、毛细血管、事无巨细等词语。

"细"字由"微小"引申指"颗粒小或条状细长的东西"，如：细长、细粮、细砂、细条、粗细等。

"细"字由本义引申指"精致"，如：细瓷、细工、细腻、细巧、细软、细致、精细等。由上义引申指"周密"。

小篆

細 隶书

细 楷书

杜甫淡笔改三字——细

唐代大诗人杜甫，在长安住了十年之久。曾被授左拾遗官职，后因事触怒了皇帝，不再受重用。他无所作为，空怀爱国之心，心中愤懑难平。一日到长城外曲江池散心，写下此诗。

苑外江头坐不归，水精宫殿转霏微。
桃花细逐扬花落，黄鸟时兼白鸟飞。
纵饮久判人共弃，懒朝真与世相违。
吏情更觉沧洲远，老大徒伤未拂衣。

有人将这首诗改写成白话文：

坐在曲江边芙蓉苑外，我久久不归。
水精宫殿变得迷迷蒙蒙。
桃花随着杨花一同零落，
黄鹂和白色鸥鸟一起纷飞。
终日纵酒，早就甘愿被人嫌弃，
懒于上朝，确实有违世情。
因为微职缠身，越发不能解脱。
今已年老，徒然为当初未能拂衣归隐而伤悲。

这里录下了原诗和今人改写的白话文，供读者对照。据史记载，杜甫在城外写了这首诗，但他还在一字一句地推敲，反复地吟诵。在回城的马车上，他终于打定主张，要改动几个字。到家一下车，他就直奔书房，坐到书桌前，连墨也顾不得磨，抓着书笔，蘸了点水，将第三句"桃花欲共扬花语"，改成"桃花细逐扬花落"。这三字一改，情与景大不一样，"细逐"二字犹为传神。

这样改，更能衬托出诗人无所作为、备受冷落的心情。这一句的改动，历来被当作改诗的最好例证。据说，杜甫用淡笔改三个字的底稿被一后人保存，稿上"细"、"逐"、"落"三字墨色很淡大概就是当时杜甫急于修改，未及磨墨而写的缘故。故诗史中有"自以淡笔改三字"的传说。

一字一世界

蛤蟆青蛙和虾

xiā
虾

小篆的"虾"字原本写作"蝦",这是个左右结构的形声字兼会意字。左边的"虫"字是形符,表示跟"虫"或"动物"有关。古代的"虫"字不仅仅是指现在的小虫子,它是一切动物的总称,如:老虎称"大虫",蛇称"长虫"。"蝦"字右边的"叚"字读"jiǎ",作声符并会意。这个字是"瑕"字简省的写法,"叚"与"虫"字组合在一起指"蟾蜍",读"chánchú"。俗称"癞蛤蟆"或"蛤蟆",也称"蝦蟆",这是"青蛙和蛤蟆"的总称。这时的"蝦"字读作"xiā"。

古人为什么用"叚"字作"蝦"字的声符呢?因为它是"瑕"字简省的写法,而原本的"瑕"字指"带赤色斑点的玉"。而蟾蜍背上有黑色的斑点如瑕,常见的青蛙背上很光滑,也有亮晶晶的黑色斑点,这些斑点如"瑕",所以古人以"叚"字作"瑕"字的声符并会意。

楷书的字形由小篆演变而来,写作"蝦"。现简化为"虾"。

蝦 小篆

蝦 隶书

虾 楷书

"虾"字成了个左右结构的形声字。左边的"虫"字为形符,右边的"下"字为声符,没有什么内涵了。

"虾"字的本义指"蟾蜍",现在指"蟾蜍和青蛙的总称"。此时读"há",即"蛤蟆"。

"虾"字是个多音字。除读作"há",还读作"xiā"。此时指生活在水里,腹部有很多环节的节肢动物——虾,其味鲜美。如:虾仁、虾子、虾皮、虾酱、虾油、对虾、龙虾、虾兵蟹将等。

落汤"虾"子着红衫

明朝有位大臣名叫解（xiè）缙，他是江西吉水人，洪武年间中进士，曾主持编写《永乐大典》，是位著名的学者。据说解缙是位神童，八九岁时，便以能言善辩、才思敏捷而出名。特别是他善对对子，你出个上联，他立马能对出下联，且艺术高超，常令人目瞪口呆、惊奇不已。

却说解缙十岁那年春节，他穿上母亲为他缝制的一身绿衣裳，跟小伙伴们在家门口玩。他家对门住着一位大学士，在京城任职，春节回家过年。这位大学士年事已高，人称"老学士"。老学士回乡，亲朋故旧来探望，他常出门迎来送往，跟客人打恭作揖，连连弯腰，孩子们看了，都哈哈大笑。

老学士见解缙穿着一身绿衣裳，瞪着一双圆圆的大眼睛，一蹦一跳，煞是可爱。家人告诉他，这孩子便是会对对子的小神童解缙。老学士听了，便要考考解缙，看他是否真有才气，便笑呵呵地冲着解缙说："解家娃儿，老朽出个上联，请你对个下联可好？"

解缙答道："你说吧，我听着呢。"

老学士大声说：

出水蛙儿穿绿袄，美目盼兮！

这上联把身穿绿衣跳跳蹦蹦的解缙比喻成绿色的青蛙，瞪着一对美丽的大眼睛，好可爱啊。

解缙听了，略一沉思，答道：

落汤虾子着红衫，鞠躬如也！

这下联把老学士穿着大红袍弯腰曲背送客的样儿，比喻成被开水煮熟的大虾子。这形象虽不美，但从对联角度讲，上下对仗十分工整，"鞠躬如也"也十分雅致贴切。老学士听罢哈哈大笑，夸他是个聪明的好孩子。新年大吉，童言无忌，老学士海量，也不计较"落汤虾子着红衫"的意境了。

害眼睛而失盲——瞎

xiā
瞎

瞎 小篆

瞎 隶书

瞎 楷书

"瞎"字是个后起字，《说文解字》中未收录。

小篆的"瞎"字是个左右结构的形声字兼会意字。左边的"目"字是形符，表示跟"眼睛"有关。

"瞎"字右边的"害"字读"hài"，作声符并会意。

"目"字与"害"字组合，指"眼睛受伤害而失明"。因是指眼睛失明，这与"目"字有关，所以古人用"目"字作"瞎"字的形符。

古人为什么用"害"字作"瞎"字的声符呢？

金文的"害"字是个形声字兼会意字。由"宝盖头"和"口"字及表示"割伤"的"丰"字组成。"宝盖头"表示"在家里"；"口"字表示"口角争吵"；"丰"字读"jiè"，这字与"丰富"的"丰"字不同，它表示"割伤"。这三个字形合起来指"家里人因口角而相互伤害"之义。"害"字的本义指"伤害、损害"，与"目"字在一起，指"眼睛受到伤害"，也可理解为"因害病而导致失明，变成瞎子"，所以古人用"害"字作"瞎"字的声符并会意。

楷书的字形由小篆演变而来，写作"瞎"。

"瞎"字的本义指"眼睛看不见事物"，如：瞎眼、瞎子。

"瞎"字由本义假借指"胡乱"。没有中心、没有根据地乱说称"瞎说"或"瞎扯"；胡乱夸口称"瞎吹"；不真实的话，谎话称"瞎话"；打不响的枪炮弹药称"瞎弹"；没有来由、没有效果地做事称"瞎闹"；没有计划、没有条理地做事称"瞎抓"。

是"虾",不是"瞎"啊

"瞎"字一看便是个会意字。表示眼睛受到伤害,有可能失明,变成瞎子了。

"虾"字与"瞎"字同音,但字义却风马牛不相及。但这两个毫不搭界的字,因为谐音,竟闹了个不大不小的笑话,而且后果很严重呢。

小刘是南京某局级机关的办事员。他是托人走后门好不容易才进局办公室当差的。他很在意这份工作,唯恐说错话、办错事而得罪领导或同事,所以他整日勤勤恳恳、战战兢兢。

小刘每天总是提前上班,将办公室打扫得干干净净,每张办公桌都擦得一尘不染,就连科长的茶杯也擦得亮晶晶的。

科长颇有生活情调,除了在窗台上养了几盆花,还在办公桌上摆了只金鱼缸,因金鱼一时买不到,便放了几只晶莹剔透的小虾。小刘刚给小虾换了水,王局长上班路过,进来看看。他老人家高度近视,眼不好使,除下眼镜,朝金鱼缸里看了看,问:"养的是什么啊?"

小刘随口答道:"虾啊!"

王局长一听,有点吃惊,抬起头一脸的阴沉,戴上眼镜,扭头走了。

小刘不知所措,忙解释:"虾啊局长!局长虾啊!"

局长充耳不闻,一路走去,小刘跟在后面连声喊:"局长虾啊,局长真是虾!是真虾呀!"

局长走进他的办公室,随手把办公室门关上,"呼"的一声,震得小刘脸色发白,头皮发麻,眼泪都流下来了。他呆呆地站在走廊上自言自语:"局长,我没说错,是虾啊,是虾啊……"

唉,因"虾"与"瞎"谐音,害得小刘遭多大的罪呀!

武艺强助弱者的侠客

xiá
侠

侠 小篆

侠 隶书

侠 楷书

　　小篆的"侠"字是个左右结构的形声字兼会意字。左边的"人"为形符，表示跟"人"有关。右边的"夹"字读"jiā"，作声符并会意。

　　"夹"字与"人"组合，指"武艺高强，而又十分仗义，专门帮助弱者的人"。因指的是"武艺高强的仗义之人"，所以古人用"人"作形符并会意。

　　古人为什么用"夹"字作"侠"字的声符呢？

　　甲骨文、金文和小篆的"夹"字，都是会意字，字形像两个人从腋下夹持一个大人之状，表示"从左右两腋相持"之意。本义指"从左右两边相持"。后来，"夹"字由"左右相持"这一本义，引申指"辅佐"。"辅佐"就有"帮助、扶持"之意，而侠客干的就是抑恶扬善、帮助弱者之事，所以古人用"夹"字作"侠"字的声符并会意。

　　小篆的字形由甲骨文、金文演变而来。

　　楷书的字形由小篆演变而来，写作"侠"。

　　"侠"字的本义指"旧时代凭自己的力量专门扶助他人的人或行为"。如：有武艺、讲义气，肯舍己救人的人称"侠客"，也称"侠义"；勇敢而讲义气的人称"豪侠"；精于剑术的侠客称"剑侠"，也称"武侠"；古代称好交朋友、轻生死、重信义、行侠仗义，能救人于急难的人为"游侠"。

"侠"士有志

要讲这个故事，先得介绍两个人。一位是近代资产阶级改良主义者梁启超；一位是清朝末年洋务派首领张之洞。

先说梁启超。他是广东新会人，康有为的学生，同康有为一起主张变法。他出身于小地主家庭，年少时博学多闻，思想敏锐，志气高远，品貌不凡。他十一岁考中秀才，十六岁考中举人。就在考中举人的这一年，他北上京城，路过武昌，独自一人前往总督府，去拜见湖广总督张之洞。

张之洞是何许人呢？他是直隶南皮（今河北南皮县）人，出身于官僚地主家庭。清朝光绪元年考中进士，历任翰林院学士、内阁学士、山西巡抚、两广总督。他位高权重，是洋务派首领。他公务繁忙，日理万机，求见者络绎不绝。这一天，门口当差的来禀告，说有一少年郎求见。张之洞一听，大为恼火，认为这毛头小子对自己不敬，他当即写了个上联交给差人，让这少年对出下联才能进门。

这上联是：

披一品衣，抱九仙骨，狂生无礼！

此联的意思是告诉来者："我张之洞是一品高官，年已半百，你这乳臭未干的娃娃，怎能如此狂妄，竟要来见我？"

门差将这上联交给梁启超，责怪道："你这孩子，也不知天高地厚。总督大人是轻易能见的吗？你先看看这上联吧，对得出下联我才放你进去！"

行千里路，读万卷书，侠士有志！

这下联不仅与上联对仗工整，且气势更胜一筹。"侠士"二字，突出了梁启超的自信和豪迈，表明他虽年少，但侠肝义胆，是个有志之士，不容小觑。

门差一路小跑，将梁启超的下联送与张之洞。张之洞读罢，连忙吩咐门差："快，请他进来！请他进来！"

日光下的赤色云——霞

xiá
霞

霞 小篆

霞 隶书

霞 楷书

　　小篆的"霞"字是个上下结构的形声字兼会意字。上面的"雨"字是"雲"字简省的写法，实为"云"。下面的"叚"字是"瑕"字简省的写法，实为"瑕"，读"xiá"，作声符并会意。

　　"雲"字与"瑕"字组合在一起，指"在日光照耀下的赤色云彩"。因指的是赤色云彩，所以古人用"云"字作"霞"字的形符。

　　古人为什么用"瑕"字作"霞"字的声符呢？

　　古代的"瑕"字指一种珍贵的玉，但这种珍贵的玉上带有一点赤色的斑痕。而日出和日落时，阳光斜照着，显出赤色的云气来，这便是朝霞和晚霞。这霞光就如同瑕玉上的赤色斑痕一样鲜艳夺目，正因为此，古人才用"瑕"字作"霞"字的声符并会意。

　　楷书的字形由小篆演变而来，写作"霞"。"霞"字的本义指"早晨和傍晚因受阳光斜射而出现的彩色的云"。如：阳光穿透云雾射出的彩色光芒称"霞光"；彩色的云霞称"彩霞"；日落时出现的云雾称"晚霞"；日出时东方的云霞称"朝霞"；彩云和彩霞称"彩霞"；烟雾和云霞称"云霞"。

　　"霞"字也作姓氏用。

落"霞"与孤鹜如何齐飞

《滕王阁序》是由唐代大诗人王勃所作,堪称千古名篇。序中名句"落霞与孤鹜齐飞,秋水共长天一色"更是传诵不衰,流传至今。

后人在赞美王勃这两句诗时,作了充分的想象,认为这两句写的是红霞在天上飘动,白鹭在红霞中翱翔,造成蓝天上一红一白的色彩对照,认为这是无生命的晚霞与有生命的飞鸟并举,构成的画面鲜活亮丽。这样的解读似乎已成定论,但这样的解释是否准确、是否符合情理还有待商榷,而商榷的焦点恐怕就在"晚霞"的"霞"字上。

要把事情说清楚,还得从头说起。

滕王阁位于江西南昌赣江边,是唐高祖李渊之子滕王李元婴任洪州都督时建造的。公元675年,王勃南下省亲途经洪州,也就是今日的南昌,正巧碰上洪州都督严公在九九重阳这天于滕王阁大宴宾客,王勃因有诗名,也应邀参加。严都督办饮宴,表面上是请高手自荐为滕王阁作序,实际上是让女婿孟学士作序的,连底稿都准备好了。众宾客都谦让,但王勃不知内情,提笔就写,结果惹得严都督十分恼火,拂袖离席。后来听说王勃写出"落霞"两句,又回到宴会厅,看了已成文的几段,惊叹道:"此真天才,此序永垂不朽矣!"由此可见,"落霞"二字,非同小可。

那么,"落霞"究竟指的什么呢?

宋朝有位文人叫吴曾,他专门写了篇《辨霞鹜》,其中写道:"落霞非云之霞,盖南昌秋间有一种飞蛾,若今所在麦蛾是也。"原来,"落霞"指的是当时南昌地区在八九月间,在田野里活动的一种飞蛾。这飞蛾数量不计其数,在江上飞舞时纷纷落入江水,引得江鱼争相吞食。当地人把这种飞蛾叫做"霞蛾",简称为"霞"。这"霞"纷纷落水,引得野鸭——也就是"鹜"拍着翅膀来争食,于是便出现了"落霞与孤鹜齐飞"的壮丽景象。若把"落霞"说成是天上晚霞,晚霞一般指霞光,不会像乱云一样翻滚,怎能说"与孤鹜齐飞"呢?再说"鹜"指野鸭子,它不可能像白鹭飞得那么高,又何来与天上的落霞齐飞呢?与之飞的只能是落下江面的飞蛾"霞"啊。

位置在低处——下

xià
下

甲骨文
下

金文
下

小篆
下

隶书
下

楷书
下

  "下"字是个典型的指事字。甲骨文的"下"字是在一长横下面加一短横。这一长横象征某种物体，意在表明所指的是物体的底部。金文的字形大体相同，后来的古字将下面的短横改成一长竖，小篆的字形进一步繁化装饰，使字体匀称，隶变后的楷书写作"下"。

  也有的甲骨文字形是上面一道弧线，表示位置的界线。弧线下有一短横，用来表示在"下的"意思。金文与小篆仍是原样。这些字形所指的意思，都是指"位置在下面"。

  "下"字的本义指"位置在下面"，如：下巴、下部、底下、楼下、下联、山下。

  "下"字由本义假借指"时间、次序靠后的，等级低或质量差的"，如：下午、下一篇、下个月、下策、下品。由本义又引申指"由高处到低处"，如：下楼、下坡、下台阶。又假借指"进去、离开、颁布、降落、向下面"，如：下达、放下、下船、下班、下令、下课、下乡、下雨等。由此又引申指"攻克、攻陷"，如：攻下、打下。又引申指"放入"，如：下锅、下种。还假借指"做出、发出"，如：下结论、下断语。由此又引申指"某些动物生产"，如：下蛋、下小牛。又假借指"使用"，如：下刀、下笔千言。还表示动作完成或趋向，如：打下基础、坐下。还假借指"时间、处所、范围"，如：城下、眼下、年下。

  "下"字也作量词用。如：推了三下，摇了两下。

"下"和"不耻下问"

成语"不耻下问",指的是不以向地位比自己低、学识比自己差的人请教为耻。

这句成语的典故,出自《论语·公冶长》,原先是孔子跟他的学生的一段对话。孔子讲这段话是有个前因后果的。当时卫国有位大夫名叫孔圉(yǔ)。这人不仅为人正直,而且聪明好学,知识渊博。孔圉去世后,依据他生前的事迹,给他的谥(yì)号为"文",所以后人称他为"孔文子"。

孔子有个学生名叫子贡,也是卫国人。他认为孔圉为人很一般,配不上这样高的评价。有一次,他问孔子:"为什么孔文子的谥号为'文'呢?"

孔子回答道:"敏而好学,不耻下问,是以谓之'文'也。"这句话的意思就是说,孔圉这人聪敏而又勤学,他不以向职位比自己低、学问比自己差的人求学为耻辱,所以用"文"字作他的谥号。

孔子在这段话中所说的"不耻下问"四个字,成了今日人们常用的成语。其中"耻"字在这里是形容词的意动用法,即"以……为可耻"。而"不耻"二字很难单独成词,一般只用于"不耻下问"这成语中。

在日常生活中,有些人在工作和学习上碰到难题,虚心向别人请教,为了表示自己的谦虚,往往自我表白:"我不耻下问,向你请教。"这种话一出口,就成了笑话,且有辱对方了。为什么?你表白的是"我向你请教,我并不以为羞耻"。而"下问"中的"下"字在这儿有"下一等"和"次一等"的意思,即"你不如我"或"你在我之下",这简直是指着鼻子骂人了。你是有了难题、有不理解的地方来向别人讨教的,既然是学问不如人家,怎么能自夸"不耻下问"呢?

"不耻下问"是求学的好品德、好风格,但切不可当作谦词自我表白,那样是侮辱他人。

显得很热——夏

xià
夏

甲骨文

金文

小篆

夏
隶书

夏
楷书

　　"夏"字是一个会意字。甲骨文中的"夏"字是一个人的侧面的形象：他张开四肢，似乎很热的样子。金文、小篆中"夏"字的字形都与甲骨文一脉相承，只是更为复杂些，但更接近于现在的"夏"字的写法。很明显，"夏"字的本义就是指"夏天"。

　　但也有人对"夏"字提出完全不同的解释。

　　金文和小篆的"夏"字，上半部是"页"。在甲骨文中，"页"字是个象形字，突出人头部的形状，指"人头"，"页"是"头"的本字。下半部是"夊"，表示"人的双足"。两边是双手（臼）叉腰，像一个正面的人形，这是个象形字。所以认为"夏"字的本义是"古代汉民族的自称：华夏、诸夏"。至于"夏天、夏季"的含义，是后来转借而来的。

　　"夏"是一年中的第二季，中国习惯指立夏到立秋的这三个月时间，也指农历"四、五、六"三个月为夏季。它是一年中最热的季节，学校会放暑假，也会举行各种夏令营活动。

　　"夏"也是我国远古的一个朝代，是由禹建立的。

　　"夏历"是我国的一种历法，也称作"农历"。由于这种历法始于夏代，所以称为"夏历"。

　　"夏"也是个姓氏。

春"夏"秋冬

清朝末年,常熟虞山脚下有所颇有名的私塾。教书先生姓夏,名文杰,年已七十。他学识渊博,为人谦和,对来求学的孩子满怀爱心,所以深受当地百姓的爱戴。

夏老先生不仅博古通今,而且循循善诱,教学有方。

这年夏天,暑气蒸人。在屋子里读书的学生们一个个汗流浃背,于是夏老先生把孩子们叫到屋外池塘边的柳树下授课。

老先生见孩子们一个个昏昏欲睡的样子,便说:"大家打起精神来,我出四个字谜,答得出的,可下池塘游泳,答不出的,回屋子里读书。"

孩子们一听,来了精神,一个个伸长头颈,听老先生出题。

老先生一字一句吟道:"三人同日去观花,百友由来共一家,禾火二人同饮酒,夕阳桥下一双瓜。"

这是一首有情有景的诗,又是四句字谜,打四个字。孩子们反复吟唱,认真思考,又交头接耳,相互商讨。没多久,都答出来了。原来,这是"春"、"夏"、"秋"、"冬"四个字。老先生点头称是,孩子们记住了这四个字,纷纷跳下池塘,像欢乐的青蛙一样,钻进水里去了。

我们要细加分析,才能找出其中的奥妙来。"三人同日",这是"春"字,这容易理解。"百友一家",这是"夏"字。"禾火同饮"是"秋"字。"夕下双瓜",可能难猜一点,"冬"字的上部像"夕"字,那两点可当作瓜,组合起来,不就是"冬"字么?

[瓦当欣赏]

战国画像瓦当

xiān
仙

金文
小篆
仙 隶书
仙 楷书

人到山上成了 仙

　　"仙"字是一个会意字。在小篆中,"仙"字的字形很复杂,简直就是一幅画。所描绘的是一个人迁移到山上去,成了老而不死的神仙。所以"仙"的本义就是"神话或童话中长生不老并且有各种神通的人"。

　　也有人认为,繁写的"仙"是"僊",这是个形声字。左边是单人旁,表示与"人"有关。右边的字读"xiān"。后来简化为"仙",神仙大都生活在天上或深山里。

　　在现代汉语中,"仙"字基本上沿用了这个意思。中国悠久的历史给我们留下了很多美好的神话传说,许多神仙的形象也由此产生。如"八仙过海",指八个仙人;"蓬莱仙境",传说是修道成仙的好地方。

　　"仙"有"超脱一般人"的意思,李白就因为诗才横溢而被称为"诗仙"。十分貌美的女子也会用"美若天仙"来形容。

梁《瘞鹤铭》

宋·苏轼《赤壁赋》

元·赵子昂《天冠山诗帖》

人在山中——仙

有关"仙"字,有这么一段神仙故事。

从前,有个姓王的人进城办事,需要翻越一座大山,途中遇到另一位赶路的人,于是两人便结伴而行。

一路上,他们有说有笑。在一处山崖边,那人突然问道:"老兄,你看我是什么人?"

姓王的也没多想,随口开起了玩笑:"人在山中,莫非你是仙人?"

那人哈哈大笑,回答说:"不错,我正是此山的神仙。"话音刚落,人便消失得无影无踪。

姓王的站在山崖边,愣了好半天。他心中既有些害怕,又有些后悔。唉,早知道他是神仙,何不让他指点指点,也沾点儿仙气呢?

想到这儿,他就无精打采地回家了。

走在别人前面——先

xiān
先

甲骨文 ᐱ

金文 ᐱ

小篆 ᐱ

隶书 先

楷书 先

　　甲骨文的"先"字，是个上下结构的会意字。上面是个"止"字，下面是个"人"字。这两个字形组合在一起，指"走在别人的前面"。

　　古代的"止"字，是个象形字，字形像人的一只脚趾向上的脚形，本义指"人的脚"，有"行"与"走"的意思。走在别人的前面就是"先"，所以"先"字由"止"字和"人"字组合而成。

　　金文的"先"字与甲骨文大致一样。隶变后的楷书写作"先"。

　　"先"字的本义指"走在前面"。如：引路者称"先导"；在政治、社会改革方面较早觉悟的人称"先觉"；走在前面引导的人称"先驱"，也指"先锋"；进步快、水平高，作为学习榜样的称"先进"；走在前面也称"当先"；抢在别人前面称"抢先"；带头、领先称"率先"。"先导、先遣、先行、预先、争先、先行者、先发制人"等都是指"在前"的意思。

　　"先"字由本义引申指"时间或次序在前的"。如：凡创造在先的人或事称"先河"；前后相继称"先后"；最初、开始称"起先"。"先例、先期、先声、先头、先兆、事先、早先、在先、优先、占先、先睹为快"等，都是指"时间或次序在前的"。

　　"先"字由本义指"对成年男子的尊称"，如：先生。又假借指"尊称去世的前人"，如：先辈、先烈、先祖、先圣、先贤、祖先等。

　　"先"字也作姓氏用。

朱"先"生三个牛头

却说民国年间,苏州有几位文人聚会时,常相互开玩笑,拿别人的姓名来说事儿。

有个名叫朱先圣的人,在教育局当个小官儿,对学生的进步思潮常有抵制,所以朋友们对他颇为不满,常借题发挥,暗讽他几句。

这天聚会时,有位名叫戴彰夫的人出了个字谜:"牛头虎腿。"众人猜了会,有人说:"牛字头,虎字尾,这是说'先'字嘛,是我们教育界的先圣啊。"

戴彰夫不怀好意地说:"牛头虎尾是'先'字,但头重脚软跑不快,不占先啊。"

朱先圣听出话中有话,反唇相讥:"我也出个字谜请大家猜,'一人头向天上伸'。"

这话暗讽有人一心向上爬,想出人头地,谜底是"夫"。戴彰夫听了,大为不快,经一番思索,说:"我出个上联,看哪位仁兄能对出下联。"说罢,一字一句念道:

朱先生三个牛头。

"朱先生"三个字,与"朱先圣"谐音,暗指朱先圣。三个字的上半截都是"牛"字头,联句提醒朱某不要效忠当局,甘当保守派的"笨牛"。

朱先圣听了,忍住心中不快,回应道:"戴老兄指名道姓了,那我就对下句吧,请听。"随口念道:

大丈夫半截人身。

这下联"大丈夫"三字,与"戴彰夫"谐音。三个字的下半部都可截为"人"字,这就是"半截人身",暗喻戴某年已半百,半世人生已过去了,还逞什么威风呢?还当什么大丈夫呢?

在场的人见双方已剑拔弩张,有点火药味儿了,一个个出来打圆场,把话题引开了。

羊肉鱼肉味道鲜美

xiān
鲜

金文

鮮
小篆

鮮
隶书

鲜
楷书

金文的"鲜"字是个上下结构的形声字。上面的"羊"字读"羴（shān）"声。下面是"鱼"字，本义是"鱼的名称"。

小篆的"鲜"字是个左右结构的形声字。左边是"鱼"字，右边是"羊"字，读"羴"声。其本义也是指"鱼的名称"。

有人对"鲜"字有不同理解。他们认为，这是个会意字。我国西北部黄土高原，雨水少，但大草原多，所以牛羊也多。羊肉味道鲜美，深受中原地区人们的喜爱。而沿海南方地区，多河流湖泊和海洋，盛产各种各样的鱼，鱼的味道也很鲜美，深受南方百姓的欢迎。因此古人将味道鲜美的鱼肉和羊肉加在一起，创造了"鲜"字，就是指"味道鲜美"。

活的鱼，其味格外鲜美，所以称为"鲜鱼"。由此把"刚生产或宰杀的，或没有枯萎的"称为：鲜货、鲜肉、鲜嫩、新鲜、鲜花。

"新鲜的食物"称为：尝鲜、时鲜、海鲜。

"色彩明亮"称为：鲜艳、鲜红、鲜亮、鲜明、鲜血。

"鲜"字还另有一个读音为"xiǎn"，读第三声。据说古代因中原地区河流少，产鱼少，很难见到鱼，所以"鲜"也表示"少"，如：鲜见、鲜有、鲜为人知、寡廉鲜耻。

"鲜"，也作姓氏用。

"鲜"，也指国家名称：朝鲜。

兄妹俩猜字谜——鲜

宋朝大文学家苏东坡的妹妹名叫苏小妹。这天,苏小妹出了一个字谜让苏东坡猜:"我有一物生得巧,半边鳞甲半边毛,半边离水难活命,半边入水命难逃。"

苏东坡没有马上作答,只是淡淡一笑,也随口吟道:"我有一物分两旁,一边好吃一边香,一边眉山去吃草,一边岷江把身藏。"

没等说完,他已经忍不住哈哈大笑起来,妹妹也跟着乐得前仰后合。原来他们兄妹俩说的都是同一个字——鲜。

xián
闲

金文
小篆
閑 隶书
闲 楷书

门内有棵树——闲

在金文和小篆中,"闲"字是个内外结构的会意字。

"闲"字的写法有两种。古代的"閒"字,"门"内是个"月"字,表明夜深人静,大门关上了,从门缝里透进月光,这是一幅清闲的画面。现在,这个"閒"字成了异体字,被"闲"字代替。我们不难想象,"门"内有棵树,静止不动,这不是空闲么?当然,我们应把这"门内"理解为有扇大门的院子内,而不是客厅或房间里,只有这样才说得通。

"闲",表示"没有事情,没有活动,有空闲"。也表示"器物、房屋之类,不在使用之中",如:闲钱、闲屋。还表示"与正事无关的事物",如:闲聊、游手好闲、闲事。

东晋·王羲之《集字圣教序》

北魏《李璧墓志》

唐·张旭

宋·米芾《三希堂法帖》

短诗一首——闲

关于"闲"字,近代文坛上流传着一首短诗,为诗人们所赞赏。

有位诗人写了首诗,表达了自己悠闲自得的心情。诗的题目就叫《闲》,全诗只有三句:

> 门院里有一棵树,
> 自由自在地绿,
> 不管秋风。

这首诗,从文字角度看,第一句点明了"闲"字的字形,后两句说明了"闲"字的字义,描绘了一幅悠闲的意境,读了令人拍案叫绝。

读者朋友,这首语颇隽永、耐人寻味的短诗,又是个充满诗意的字谜,细细品味真是奇妙无穷啊。

德才兼备的贤人

xián
贤

甲骨文

金文

小篆

賢
隶书

贤
楷书

　　金文和小篆的"贤"字，是个上下结构的形声字兼会意字，下面的"贝"字是形符，表示与"钱财宝物"有关。上面的"臤"字是声符，读"qiān"，也读"xián"。两形合一，指财宝多。

　　古人为什么用"臤"字作声符？因为"臤"有"能干"的意思，能聚积贝才会使钱财增多，所以"贤"字以"臤"作声符并会意。楷书字形由小篆演变而来，写作"賢"。后来上下作简化写作"贤"。

　　"贤"的本义指"财多"。

　　也有人认为，"贤"字由"臣"字和"又"字及"贝"字组合，这是个形声字兼会意字。以"臤""贝"作形符，"臤"作声符。"臣"字像一只鼓起眼珠子的眼睛，这是一双愤怒的眼睛，表示这是奴隶。"又"字表示手，是用来管制奴隶的。"手"牵"臣"，即被管制的奴隶。"贝"表示财富，即奴隶是财富的创造者，这种财富既指物质财富，也指精神财富。这些奴隶是多才多艺的。

　　"贤"的本义指"多才"。

　　财多、多才，都表示"有才能"。"贤"字由这一本义假借指"有德行的、有才能的"，如：贤德、贤惠、贤良、贤能、贤淑、任人唯贤。

　　"贤"字由上义引申指"有德行的人"，如：贤臣、贤达、贤人、贤哲、贤妻、前贤、圣贤、贤者、时贤、贤明。

　　"贤"字借作敬辞（用于平辈或晚辈），如：贤弟、贤侄。

　　"贤"字也作姓氏用。

一毛不拔的"圣贤愁"

从前,在山东蓬莱有个人叫"圣贤愁",怎会有这怪名字呢?因为这人爱吃白食,脸皮老厚,谁也拿他没办法,就连圣贤见了他也发愁。

蓬莱是神仙聚会的地方,他们听说有这怪事,想见识见识这"圣贤愁"。这天,八仙中的吕洞宾和铁拐李,在一家酒楼买了酒菜,坐下吃起来。刚喝两口酒,"圣贤愁"就闻讯赶来,一屁股坐下,拿起筷子就吃。吕洞宾制止道:"贫道饮酒要先行酒令,成者饮,不成者退。"当下排了次序,就以"圣贤愁"三字中的一字为令。

吕洞宾先说:"耳口王,耳口王,壶中有酒我先尝,盘中无肴难下酒,割只耳朵尝一尝。""耳口王"合起来是个繁体的"圣"字。吕洞宾说完,割下自己的一只耳朵,喝了口酒。

第二个轮到铁拐李,他说:"臣又贝,臣又贝,壶中有酒我先醉,盘中无肴难下酒,割下鼻子配一配。""臣又贝"三字合成繁体的"贤"字。铁拐李说完,割下自己的鼻子放在盘中,喝了一口酒。

两位神仙以为这下可治住"圣贤愁"了,因为凡人是没法割下自己的耳朵、鼻子的。没料到,这吃白食的"圣贤愁"呵呵一笑,接下去念道:"禾火心,禾火心,壶中有酒我先斟,盘中无肴难下酒,拔根毫毛表表心。""禾火心"合为"愁"字,也符合酒令要求。他拔下一根毫毛,端起酒杯就喝。

两位神仙真拿他没办法,"圣贤愁"还生气地说:"今日给两位大仙面子,若是别人,我才一毛不拔呢。"

这是个笑话故事,妙就妙在三人用拆字法,说出了"圣""贤""愁"三个字。

像盐的味道——咸

xián
咸

甲骨文

金文

小篆

隶书

楷书

　　古代的"咸"字是个左右结构的形声字兼会意字。它的左边是个"卤（lǔ）"字，这就是我们常说的"盐卤"的"卤"，它作形符。这个字在金文和小篆中都是指事字。字形像在竹篓中加四点，表示"有盐"之义。古代制盐，都是用竹器漉汁，熬炼而成。隶变后楷书写作"鹵"，如今简化作"卤"。本义指"盐卤"。盐卤是很咸的，所以"咸"字用"卤"字作形符。右边用"咸"字作声符，读"xián"。"卤"字与"咸"字组合，就表示"像盐的味道"。

　　古人为什么用"咸"字作"咸"字的声符呢？因为"咸"有"皆"的意思，而"鹹"字的咸味又苦又涩，所以"鹹"字用"咸"字作声符并会意。

　　楷书的"咸"字由小篆演变而来，写作"鹹"，后来简化为"咸"。

　　"咸"字的本义指"像盐的味道"，如：咸肉、咸菜、咸鱼、咸水湖等。

　　"咸"字又假借指"都、全"，如：老少咸宜、少长咸集。

　　但也有学者认为，"咸"字在甲骨文和金文及小篆中是个会意字，由"口"字和"戈"字组成。表示古代征战杀伐时，武士们手执长戈喊声震天，借以助威。"咸"是"喊"的本字，是最早的"喊"字。后来由"众口呼喊"引申为"全、都、普遍"之义，咸字借作他用后，古人就在"咸"字左边加"口"字作形符，专门用来表示"呼喊"之义，而"咸"字则作了"鹹"字的声符，表示像盐"鹹"一样有咸味，后又简化为"咸"，成了表示"咸淡"的"咸"了。

　　"咸"字也作姓氏用。

"咸"蛋切开舟两叶

宋朝大文学家苏东坡，不仅写诗作词，还挥毫泼墨作画写字，他还是猜谜语、作对联的高手呢。

端午节这天，苏东坡约佛印等人乘船游湖。船行到湖当中，船娘摆下酒杯，端出菜肴，让大家边吃边谈。当船娘端出一盘切成几块的咸鸭蛋时，佛印和尚把盘子拿到自己面前说："我是出家人，吃不得荤腥，这盘咸鸭蛋就由我独享吧。"

苏东坡见咸鸭蛋切得整整齐齐，围着盘子排列有序，像一艘艘两头翘起的小舢板，很是有趣。再说这咸鸭蛋外白内黄，滴滴油脂闪着金光。他忽然想到一副上联，便拦住佛印，笑道："鸭蛋能孵出小鸭，也算荤腥，你出家人是吃不得的。今日我有一上联，你若对出下联，让你开荤！"

佛印胸有成竹，放下盘子说道："请出上联！"

苏东坡指指盘中切成片的鸭蛋说出上联：

咸蛋切开舟两叶，内载白玉黄金。

佛印和尚看着盘中一片片如小舟般的咸鸭蛋，摸着光头，一时对不出下联。苏东坡夹了一块咸鸭蛋，美滋滋地品尝着，戏弄佛印道："人间美味啊，白玉黄金也难买！"

佛印正焦急，这时船娘端上一盘时鲜水果，有菱角、葡萄、鲜藕、石榴……

苏东坡曾因对不出下联，被佛印和尚嘲笑过。今日见难住了他，很是得意，伸手拿了颗石榴，剥开皮，掏出一粒粒籽儿吃起来。佛印和尚见此情景，指着苏东坡手中的石榴，说出了下联：

石榴打破罐一个，中藏玛瑙珍珠。

众人听了，拍手叫绝。苏东坡端着盛咸鸭蛋的盘子，双手递给佛印和尚，笑道："大和尚，请用吧！"

对人事不满怀疑——嫌

xián 嫌

小篆的"嫌"字是个左右结构的形声字兼会意字。左边的"女"字作形符，表示跟"女性"有关。右边的"兼"字读"jiān"，作声符并会意。

"女"字与"兼"字组合，指"对人或事物怀疑或不满"。

古代妇女地位低，受歧视。人们往往把不好的事加在妇女身上，认为妇女气量小，容易感到不满。还认为妇女生性多疑，会猜忌别人。因此用"女"字作"嫌"字的形符。

古人为什么用"兼"字作"嫌"字的声符呢？

金文和小篆的"兼"字都是会意字，字形像用手持两把稻禾的样子。隶变后的楷书写作"兼"，本义指"并有"。"兼"字由本义"并有二禾"，引申指"二者不可兼得"。由此又引申指"合并、吞并"，这就是"兼并"；又引申指"加倍的，把两份并在一起"，如"兼职"。因"兼"有"并合"义，把物并合于一人，他人必不满。再说，"兼"字又有"加倍"之义，人一旦有怀疑之心，或被人怀疑，这种疑心就会不断增长。正因为此，所以古人用"兼"字作"嫌"字的声符并会意。

楷书的字形由小篆演变而来，写作"嫌"。

"嫌"字的本义指"疑忌、厌恶"。如：厌恶而不愿接近称"嫌弃"；厌恶也称"嫌恶"；因不满猜疑而产生的隔阂和怨恨称"嫌隙"；对人不满的情绪称"嫌怨"；嫌弃厌恶称"嫌憎"；惹人厌烦称"讨嫌"。

孝子"嫌"孙

"孝"字上为"老",下为"子",描绘的是一个懂事的孩子,挽着老人在慢慢地行走。"教"字左为"孝",右为"攵",指的是长辈手拿教鞭在教育晚辈。这也应了中国的一句古话:棍棒底下出孝子。

"孝子"与"贤孙"是相连的,故有"孝子贤孙"一词,指"孝敬父母的儿子,有德行的孙子",泛指"有孝行的后代"。这里有个承上启下的关系:先有孝子,才会有贤孙,这样年老的长辈才会得到尊重。如若当中有个环节脱落了,"啃老族"便应运而生,九旬老人状告众多子女不尽赡养责任的事便不断发生。

人们喜欢讲"从娃娃抓起"、"不要输在起跑线上"这类颇有警世意味的话。而对道德与言行的教育,却偏偏被忽略了。

却说有一天,无锡三阳广场一辆公交车上,挤上来一位老太太。她抱着孙子或外孙,气喘吁吁地上来后,刚把孩子落下,机灵的小家伙便张开两臂,抢到了两个座位,自己一屁股坐下,又趴在另一张座位上,不让抱他上车的老太太坐,嘴里嚷着:"爸爸坐!爸爸坐!"这时,一个拖着拉杆箱的年轻人走过来,轻声说:"让奶奶坐!"小家伙连声说:"不!不!爸爸坐!"旁边有位老大妈劝道:"乖孩子,应该让奶奶坐!"小家伙很任性,趴着大声喊:"不!就不!爸爸坐!"站在一旁的奶奶显得很尴尬,装出笑脸说:"你回家我不抱你啦!"

孩子的父亲居然心安理得地坐下了。有位老先生提议道:"乖宝宝,你让奶奶坐,你坐在奶奶怀里多好呀!"

这位小宝宝不理睬,跟爸爸一起看起手机来。老太太扶着别人的椅背,摇摇晃晃地站着,显得很失落。坐在旁边的一位中年乘客看不下去了,站起来,为老太太让了座,对正在看手机的孩子爸爸说:"你儿子真是孝子啊。"也许,孩子他爸听出了这话的弦外之音,他向中年乘客投去一瞥,目光里充满了愤懑。

坐在对面的老先生深深吐了口气,对站在身边的中年人悄声说:"子不教,父之过。不孝之子,怎会教出贤孙?长此以往,只怕令人讨嫌的'嫌孙'会越来越多啊。"

头部装饰很明显

xiǎn
显

金文
小篆
顯 隶书
显 楷书

　　小篆的"显"字是个左右结构的形声字兼会意字，写作"顯"。右边的"页"字作形符，表示跟"人的头部"有关。左边的"㬎"字读"xiàn"，作声符并会意。

　　"页"字与"㬎"字组合，指"头部的装饰品"。

　　因指的是头部的装饰品，所以古人用代表"头"的"页"字作形符。古人为什么用"㬎"字作"顯"字的声符呢？

　　甲骨文的"㬎"字是个会意字，字形是在架子上晾着两把丝，左边是滴下来的水。后来的金文另加"日"字，表示"在太阳下晒丝"。后来又另加"页"字，突出了有睁大眼睛的人头，表示"人在日光下清楚地看丝"。

　　小篆的字形又在"丝"下加"土"，以突出"潮湿"之义。这样，这个"显"字就有两个含义，一是指"潮湿"，二是指"明显"。隶变后楷书分别写作"濕"和"顯"，"濕"字表示潮湿；"顯"字表示"明显"，后简化为"显"。

　　由此可见，"㬎"字本就是"顯"，是"顯"字的本字，所以古人用"㬎"字作"顯"字的声符。如今"显"字作偏旁，也可单独用，即今日之"明显"的"显"。

　　"显"字的本义指"头饰"。因头饰戴在头部，十分明显，于是"显"字就引申指"明显"。如：显著、显然、显见、显明、显目、显眼、明显、浅显、显微镜。由上义又引申指"表现、露出"，如：显得、显摆、显露、显示、显扬、大显神通、大显身手。

　　"显"字假借指"有权势、有声望的"，如：显贵、显赫、显达、显耀、显荣、显要。

朱元璋解梦定状元——显

花开一朵，枝分两杈。要讲好这个故事，先得交代好两件事情。

现在讲古时候的汉字故事，必得讲繁体字，若是讲简体字就不合情理了。如这个故事中所讲的是"显"字，繁体字定作"顯"，本义指"头上的装饰品"。左边表示"在阳光下看丝"，右边的"頁"字表示"头部"。头部是人最明显之处，戴在头上的装饰品就更加明显了，所以"显"字由"头上的装饰品"引申为"表现"、"露出"和"显示出"。

这个故事牵涉到旧时的科举考试制度，对会考得略知一二，若弄不明白里面的规矩，就看不懂故事情节，对故事也就觉得索然无味了。

科考第一关，读书人必须经过院试，取入学后称为"生员"，俗称"秀才"，取得秀才资格才能正式参加科举。正式科举分为"乡试"、"会试"、"殿试"三级。乡试每三年在省城举行一次，称"大比"。取中者称"举人"，其第一名称为"解元"，第二名至第十名称为"亚元"。"范进中举"，就是考中了举人。

会试在乡试后的第二年春天在京城礼部举行，只有考中举人才能参加，所以这些赴京赶考的人称"举子"，取中者称"贡士"。殿试由皇帝亲自主持，只有"贡士"才能参加，分"三甲"录取。一甲三名赐进士及第，第一名称"状元"，第二名称"榜眼"，第三名称"探花"。

却说明朝洪武十八年，朱元璋亲自参加殿试，他不像有些皇帝，委托大臣来主持。

事有凑巧，殿试前的夜里，朱元璋做了个梦。他梦见自己在大殿里踱步时，见大殿有根柱子上钉了个大钉子，钉子上缀着几缕白丝，在微风中轻轻飘拂，在阳光下闪闪发光。梦中醒来，他没把这事放在心上，用完早膳，便到大殿去主持殿试了。

主考官奉上三份试卷让皇上定夺。朱元璋拆开第一份试卷，见字迹刚健有力，文词豪迈大气，便心生好感。再一看考姓名，不由得愣了愣。看到此人姓丁名顯，朱元璋不由得想到昨晚梦境。"丁"与"钉"同音同义，这不就是大柱子上钉的钉子么？再看这"顯"字，左侧为"日下双丝"，这不又与梦境相合么？于是他朱笔一点，取丁顯为头名状元。

山高陡峭难行——险

xiǎn
险

崄 金文

嶮 小篆

險 隶书

险 楷书

　　小篆的"险"字写作"險",左边指"阜"字,作形符,表示跟"山势陡(dǒu)峭(qiào)有关"。

　　"險"字右边的"僉"字读"qiān",作声符并会意。

　　"阜"字与"僉"字组合,指"山高陡峭,很难行走"。因是指山高陡峭,所以古人才用"阜"字作"險"字的形符。在甲骨文中,"阜"字是个象形字,字形像古人在其所住地穴的墙上挖出的供上下用的脚窝形,如同今日的楼梯一样。隶变后写作"阜",作偏旁时在左边写作"阝"。本义为"上下用的脚窝",后来引申指"土山和高大"之义。所以古人用"阜"字作"險"字的形符,以突出山势高峻。

　　古人为什么用"僉"字作"險"字的声符呢?

　　小篆的"僉"字是个会意字。上面是"亼",表示"会合"。下面是两个"口"字和两个"人"字,表示"众人同声说话"之意。隶变后写作"僉",现简化为"佥"。"佥"与"阜"组合,"佥"表示在山势险要处,众人都惊呼"险啊",所以"险"字用"佥"字作声符并会意。

　　楷书的字形由小篆直接变来,写作"險",现简化为"险"。

　　"险"字的本义指"山高陡峭难行"。如:险要的关口称"险隘";险要的地方称"险地";险峻的山峰称"险峰";山高而险称"险峻";天然险要的地方称"天险";还有"探险、险滩、险境、险要"等词。

　　"险"字由本义引申指"可能发生的灾难",如:险情、险象、险症、风险、危险、惊险、艰险、脱险、抢险、遇险。

此事有风险

却说民国年间,南京夫子庙文德桥头的测字大师胡铁嘴最受人信任,不少人凡有大事,都到他这儿求测,听听他的意见。

这天,家住朝天宫的窦二爷来商量一件事。他有几个亲友撺掇(cuān duo)他合伙买个店面做古玩生意,按股金分红,由窦二爷当家。

胡铁嘴听罢,丢过字袋道:"摸个字再说。"

窦二爷摸出个"险"字。胡铁嘴:"'佥(qiān)'有'众口同声呼喊'之义。众口同声呼喊什么?喊:'危险哪!危险哪……'"

窦二爷不解地问:"喊声给谁听呀?"

胡铁嘴指指左边的双耳旁说:"这双耳义为'山道陡峭',但形似人的耳朵,就看长这只耳朵的这个人听不听这危险的警告……"

窦二爷不满地说:"胡大爷,你这不是指着和尚骂贼秃吗?你的话我怎会不听呢?"

胡铁嘴道:"人心不一,众口难调,还有一句——人心不足蛇吞象。这么多人出资开一个古玩店,这是好玩的吗?一件文物看走眼了你赔得起吗?到头来,只怕本是亲朋好友,到时反目成仇啊……"

窦二爷问道:"你以家说事,怎么走题了?"

胡铁嘴重写了个"险"字,指指左边的双耳旁说:"这是登山险道暂且不说。你看右边这'佥'字,一个字里有三个'人'两个'口'。按'人口'一词解释,'口'也可称作'人',如此一算,便是五个人了。上为一大人,下为四小人,大人与小人之间有一横相隔。若把你算作大人,你便成了四小人的对头,与你隔心隔肺,总怀疑你与他们不是一伙,你便陷入左右不是人的境地。若把两个小人头上的'口'字看作是胃口,是心里想要的,那便是狮子大开口,胃口大得很呢。小人贪利,人心隔肚皮,你知道他们想什么?"

窦二爷听了,脸色发红,头上冒汗了。胡铁嘴拍拍他的肩,诚恳地说:"胡大爷向来是促和不拆散,今日说这些,是要你量力而行,若是你把事情搞砸了,这'险'字去了耳朵加斤肉,便成'脸'字,我真不知你这老脸往哪儿搁呢。"

一字一世界

用绳倒挂人头——县

xiàn
县

金文

小篆

隶书

楷书

金文的"县"字是个会意字。字形的左边是个"木"字，指"树"，也可看作是木杆。右边的上半部是"系"字，读"xì"或"jì"。"系"字在甲骨文中有两种写法，都是会意字。一种写法是一只手在将两捆丝衔接在一起，第二种写法是用绳索捆住人的脖子。本义为"悬结"，有"捆扎"的意思。金文的"县"字，右边下面是个"首"字，指"人头"。"木""系"及"首"字组合，指"用绳子将人头"系（jì）"上倒挂在树上。表示"悬首高杆示众"的意思。

小篆的字形由金文演变而来，省去"木"，将悬绳放在倒首的右边，并使字形整齐化，隶变后的楷书写作"縣"，现简化为"县"。"县"字的本义指"悬首示众"。从这个意义上讲，悬字是"县"字的本字，是最早的"悬"字。

"县"字由"悬首示众"引申泛指"悬挂"。由"悬挂高处"又引申指"相差距离大"。古代邦国都城之外的地方都属于本国，所以又引申指"行政区划单位名称"，这就是"县"。周朝的"县"级单位大于"郡（jùn）"，到秦代，"郡"大于"县"。而"郡"用现在的规模看，相当于一个"省"。

现在的"县"字指"省、自治区或直辖市的下一级行政区划单位"，如：县城、县长、县志。古时的县长称"县令"，还有"县衙、县治、知县、州县"等词。

"县"字的起源与变化

最早的"县"字是个会意字,"表示用绳子把人的头颅倒挂在树枝上",有"砍头示众"的意思。后来这个意思被后起的"悬"字所代替,"县"字假借用作行政区域的单位。

这个区域的范围有多大呢?听来有点吓人,地域有千里之远,相当于"国"。古代邦国之外的地方皆被称之为"县"。周朝八百年间,县大于郡。秦朝和汉朝以后,才变为郡大于县。

在很长一段时间,"县"字当作"悬"字用。这两个字即使分家后,还藕断丝连。《周礼》这部古籍对"县"的注释是:"距王城三百外至四百里曰县,亦作寰。""寰"字现在解释为"整个地球",指"全世界",也作"环球","寰"也有"环绕"的意思。用在这儿,表示"县"是围绕"王城",即"帝王所在的都城"之意。之所以称为"县",是因为这"县"距王城三四百里,位置不远,又有"悬挂于王城"之意。秦统一天下之后,县就从属于郡管理了。

从"县"与"悬"的分离和联系的过程,我们可以感受到有些汉字之间的微妙变化。一般人恐难想到,"县"亦作"寰",而"寰"又通"环",这"县"的范围有三四百里之多,若是围绕一个中心城市,面积够大的了,恐怕比现代特大城市管辖的地级县市还要大。耐人寻味的是,因"县"有"悬挂"的本义,将"县"围绕王城比喻成"悬"挂于王城,好比一个圆项圈悬挂于王城,与今日的绕城公路及三环五环相似,只是地域更广阔而已。在这里,体现了"县"字既有"悬挂环绕"之义,又有"地域"之义,兼而有之。

据《左传》记载,"县"最早出现在春秋时期的楚国,后来相继在一些大国如齐、晋、秦国等出现。

当时以县统郡,随着边缘地区郡的经济发展,到了战国时期,郡的地位开始高于县。到秦始皇统一六国时,郡县制已完全取代了分封制。所以改为从郡统县,这完全是顺应历史潮流的创举,从中也不难看出,经济的繁荣与发展对政治体制起着举足轻重的作用。

玉石的光彩——现

xiàn
现

理 金文
現 小篆
現 隶书
现 楷书

古代的"现"字是个左右结构的形声字兼会意字。左边的"王"字俗称"王字旁",也称"斜玉旁",表示这个字与"玉石"有关。右边是个"见"字,表示读音。

"现"字的本义指"玉石的光彩"。

玉石的光彩是怎么看到的呢?这与作声符的"见"字有关。

我们先来讲一下"见"字。

古代的"见"字是个会意字。上面是个"目"字,表示"眼睛"。下面是个"人"字,表示"人用眼睛看",这便是"见"。

在"现"字中,眼睛看到玉石闪闪发亮,这是合情合理的。

看到玉石的光彩,这就是"显露出来"了,如:出现、呈现、发现、涌现、现原形、活灵活现、昙花一现。

因为是当场看到的,所以就有"此刻、目前"的意思,如:现场、现做现卖。这样又有了"当时就有"的意思,如:现金、现钱、现货、现成。由此又有了"现物、兑现、贴现"等词。

北魏《广川王祖母造像记》

唐·褚遂良《雁塔圣教序》

明·董其昌《三希堂法帖》

"王"先生求"见"——现

清朝道光年间,有个候补知县名叫李青,在省城候差。没想到肥差没等到,却一连坐了好几个月的冷板凳。这下可好,他花尽了盘缠,只能靠典当物品过日子。

一天,李青的一个亲戚从老家来看望他,候补知县不想让亲戚看扁自己,便偷偷嘱咐随从去饭馆赊点酒菜。

随从去了没一会儿,就空手回来了,小声禀报说:"外面有位姓王的要见。"

候补知县先是一愣,随即脱下身上的皮坎肩递给了随从,不动声色地说:"去吧,把这坎肩赏给他。"随从点点头,快步退了下去。又过了一会儿,饭馆的伙计终于送来了一桌酒菜。

等亲戚酒足饭饱,起身告辞之后,随从才从门外闪进来,冲着候补知县竖起大拇指,连夸他机智过人,反应灵敏。候补知县得意地一笑,说:"肯定是饭馆不让赊账,非要我付现钱,你才回答说有姓王的要见。这王和见合在一起不就个'现'字吗?你是说饭店不肯赊账,要现金啊!我要是连这个字都猜不出来,还能当七品官呀!"

说到这里,又忍不住叹了口气:"唉,只可惜了我那件貂皮坎肩,只当了一顿酒菜呀。"

扭头看山被山挡——限

xiàn 限

金文

小篆

隶书

楷书 限

小篆的"限"字是个左右结构的形声字兼会意字。左边的是"阜"字，读"fù"，作形符。

在甲骨文中，"阜"字是个象形字。字形像古人在其所穴居的墙上挖出的供上下用的脚窝，犹如台阶或楼梯。单用时写作"阜"，作偏旁用在左边时写作"阝"，本义指"脚窝"。因古人穴居必在高处，故引申指"土山"，有"高大"和"盛大"之义。在这儿表示跟"山"有关。

"限"字右边的"艮"字读"gèn"，作声符并会意。"艮"字和"阜"字组合，指"扭头看山时视线被山挡住"。因是指看山，这跟山有关，所以古人用表示山的"阜"字作"限"字的形符。

古人为什么用"艮"字作"限"字的声符呢？

甲骨文的"艮"字是个会意字，上面是"目"字，下面是"人"字，表示"人瞪着眼睛朝后面看"。本义为"远望视线不清楚"，这一本义与"扭头看山视线被山挡住"是一致的，所以古人用"艮"字作"限"字的声符并会意。

楷书的字形由小篆演变而来，写作"限"。

"限"字的本义指"被挡住，受阻隔"，由本义引申指"指定的范围"。如：规定的某一范围的极限称"限度"；限定数量称"限量"；限定期限称"限期"。"限"字由上义引申指"指定范围"。如：对数量、范围等加规定称"限定"；限定的数额称"限额"；限定的界线称"限界"，还有"限制、极限"等词。"限"字假借指"门槛"，如：门槛也称"门限"或"户限"。

"限"和"户限为穿"

距今一千五百多年前的南北朝时期,有位书法家名叫智永。他本姓王,是位出家人,人们称他为"智永禅师",会稽人。即今日浙江绍兴人。

他精于书法,真草兼备。他的书法艺术,是经长期刻苦练习出来的。他练字三十多年,写坏的笔随手投入大缸里,每缸上百斤,他积了十几缸,他将这些废笔埋入地里,筑成一座墓,他将此墓称为"退笔冢(zhǒng)"。

智永禅师将平日所写的字堆积起来,满千字便订成一册,共装订成八百余册。他将这些书法精品分赠给当地大小寺院,每寺一册,寺庙的和尚们都如获至宝,珍藏于寺中,作镇寺之宝。大家都认为他的书法艺术与王羲之的书法艺术一脉相承,有人考证,说他就是王羲之第七代孙。因为他的书法艺术高超,他的作品被人们视为珍宝,所以来求他写字的人一日多于一日。

智永禅师一直居住在浙江吴兴的永欣寺。每天到这儿拜访和求字的人络绎不绝,使永欣寺成了个十分热闹的场所。智永禅师住的那个房间的木门槛都被踩坏了,虽然修了几次,但因人流太多,不久又被踩坏了。管寺庙的大和尚索性用铁皮将他那间房的门槛包起来,后人将此称为"户限为穿"。

"户限",就是指"门槛"。因来访者太多,进进出出,把门槛踏破了,这就称为"户限为穿"。这里的"户限"二字,之所以称之为"门槛",是因门槛是房间跟外间的界限,跨进门槛便是进门;跨出门槛便是出门。这个界限是很清楚的,而"户"也就是"门"的意思,因此"户限"就被称为"门槛"。

智永禅师住处的"户限"被包上铁皮加以保护,后来就被称为"铁门限",这个词语也成了成语,不过意思与"户限"大不一样了。"铁门限"的"限"字不再是"界限"之义,而是"限制"之义,比喻限制得很严格,不允许随便出入。词义之所以不同,是因为"限"字的字义改变了。

一字一世界

用棉麻丝制成的细线

xiàn
线

綫 小篆

線 隶书

线 楷书

　　古代的"线"字，是个左右结构的形声字兼会意字。左边的"糹"是形符，表示跟"丝棉"有关。右边的"戋（戔）"字是声符，读"jiān"。两形合一，指"用棉、麻、丝等材料制作成的细缕"，所以用"丝"作形符。古人为什么用"戋"字作"线"字的声符呢？因为"线"有"细小"的意思，而"戋"字也有"小"的意思，所以"线"字用"戋"字作声符并会意。

　　古代的"线"字有个异体字写作"線"，读"泉"声。隶变后，楷书写作"綫"，后简化为"线"。

　　"线"字的本义指"用丝、棉、麻和金属丝制作而成的细长条"。如：用多股粗棉线合制成的绳子称"线绳"；绘画时勾出的粗细不等、曲折不同的线称为"线条"；线的一端或很短的一段称"线头"；传送电力的导线称"电线"。"吊线、纺线、接线、毛线、棉线、皮线、外线"等都指"细长条"。

　　"线"字由本义引申指"像线一样的东西"，如："线虫、线路、暗线、复线、干线、管线、光线、火线、热线、射线、视线"等都是指"像线一样的东西"。

　　"线"字由本义假借指"边缘地带或一些事物的边界线"，如：前线、界线、国境线、海岸线、生命线、底线。

　　"线"字由本义又假借指"一个点任意移动所构成的图像"，如：斜线、切线、棱线。

　　"线"字也作量词用，表示"极少"，如：一线生机、一线希望、命悬一线。

践约一半——线

南京夫子庙的测字名家胡铁嘴，这天接待了一位当年的老街坊。这人三十来岁，姓成，名万福，可身穿孝服满脸愁云，一点福相也没有。他知道这成万福好吃懒做，又染上鸦片烟瘾，如今穷困潦倒，便没好气地说："你究竟想问什么？测个字吧！"说罢，将装满字卡的布口袋扔给成万福。

成万福手儿抖抖地掏出个"线"字，说要测一张收据的真假。

胡铁嘴将"线"字伸到成万福眼前，说："看清啰，这是个'线'字，可不是'钱'字呦。"说罢，他又将那残缺的收据拿到阳光下看了又看，说："这收据上写的收钱的事，纸钱残缺，正巧跟'线'字相合。可见这收据虽破旧残缺，但并非造假，白纸黑字，看得清楚。"

成万福小心地问："真在哪儿呢？"

胡铁嘴说："这'线'字是你从字袋里拣出来的，不是我存心安排的。这'线'字有'先后给钱'的意思。"

成万福问："什么叫'先后给钱'？"

胡铁嘴说："当年你父亲向罗三爷借钱造房子时，答应分两次还清。你看这'线'字，左边绞丝旁是'给'字之半，右边是'钱'字之半，这是契约上规定的呀。"

成万福不知是真糊涂还是装糊涂，歪着头问："怎么知道家父只还了一半呢？"

胡铁嘴耐心地说："你拣的这'线'字，正好说的是'践约一半'。"

成万福不解地问："什么叫'践约一半'？"

胡铁嘴解释道："就是说，你父亲按契约还了一半。正巧，'践'字之半与'约'字之半合成'线'字。"

成万福嘀咕道："说不定家父已还清了呢。"

胡铁嘴没好气地说："你这收据残缺不全，但仍看得出'一百银元'几个字。你有收据，人家也有字据啊。父债子还，这是天经地义的事，你想赖账么？做人要地道。欠账不还，罗三爷放不过你，你老爹在阴曹地府也饶不了你哇！"

目光能直见其害——宪

xiàn
宪

金文

小篆
憲
隶书
憲
楷书
宪

　　古代的"宪"字写作"憲"，这是个上下结构的形声字兼会意字。金文的"憲"字，上部像覆盖物，这是"害"字简省的写法，作声符，读"hài"。当中是"目"字，上面的覆盖物将东西盖起来，这样光线就不明亮了，加上"目"，意为"烛光幽微"，表示"观察力非常敏捷"。后来的小篆和繁体字楷书再在下面加了个"心"字，即心目并用，表示"很敏捷"。本义指"敏捷"。

　　也有人认为，这"憲"字是由"目""心""害"三部分组成。"害"字作声符，读"hài"。这三部分组合在一起，表示眼睛能直见其害，心能直接感受其害，则可迅速地离害而去。在这里，"害"字不是覆盖物，而是指有"危害的事物"。

　　楷体的"憲"字简化后写作"宪"。这"宪"字也属上下结构的形声字兼会意字。上面的"宝盖头"为形符，表示跟"房屋"有关，在这儿指"所到之处"。下面的"先"字表示"时间或顺序在前"的意思。这两个字形组合在一起，意为"率先到达之处"，表示"行动快，十分敏捷"，本义指"敏捷"。

　　"宪"字的本义指"敏捷"，后来假借指"法令"，如：国家的根本法称"宪法"，典章制度称"宪章"。

　　"宪"字由"法令"引申专指"宪法"，如：立宪、违宪。

　　"宪"字也作姓氏用。

洪宪变洪害——宪

袁世凯，是中国近代史上的"窃国大盗"，为世人所痛恨、耻笑。此人生于1859年，死于1916年，河南项城人。他二十几岁当兵，后来被清政府派往天津小站训练军队。清末戊戌变法期间，他伪装赞成维新，实际出卖维新，使大批革命党人惨遭杀害。他取得慈禧太后的信任后，升任山东巡抚，后来成了北洋军阀的首领。1911年，武昌起义时，他凭借北洋势力和帝国主义的支持，出任内阁总理大臣。他陈兵长江，一面威胁孙中山让位，一面挟制清朝末代皇帝退位，窃取了中华民国临时大总统职位，在北京建立了北洋军阀政府。后来他又发动内战，镇压孙中山领导的讨袁军，解散国会，实行独裁统治。

1915年12月，袁世凯宣布恢复帝制，由自己当皇帝，并废除原来的民国纪元，把1916年定为"洪宪元年"。也就是说，他把自己当皇帝的年号称为"洪宪"。

袁世凯的这种倒行逆施，激起全中国人民的愤慨，各地讨袁声浪汹涌澎湃，纷纷组织讨袁大军。但袁世凯拼死顽抗，他下令全国各报纸杂志，从1916年元旦起，一律采用"洪宪"年号。当时上海著名的大报《申报》也接到了命令。总经理史量才先生，是位富有正义感又很睿（ruì）智的人，他授意编辑，让排字工人任意选一个有宝盖头的字，放在"洪"字后面。而这位排字工人似乎心领神会，恰恰选了个"害"字放了上去，这下就成了"洪害元年"。

1916年1月1日一大早，《申报》出版面市了。人们发觉报头醒目部位，赫然写着"洪害元年"字样，无不拍手称快。

在全国的声讨声中，在讨袁的枪炮声中，袁世凯不得不于1916年3月22日宣布取消帝制，但仍称大总统。6月6日，他在全国人民的咒骂声中忧惧而死。

细细品味"洪宪"和"洪害"，繁体字"憲"字和"害"字字形相似，而"憲"字中也确实包含"害"字，但意义截然相反。"洪"有"极大"的意思，人们常称"洪福齐天"。如今是"洪害"，把袁世凯复辟帝制称作"最大的祸害"，既恰如其分，又大快人心。

烹制狗肉作祭品——献

xiàn
献

甲骨文
金文
小篆
隶书
楷书

小篆的"献"字写作"獻",这是个左右结构的形声字兼会意字。左边的"鬳"字读"yàn",作声符并会意。右边的"犬"字作形符,表示跟"狗"有关。

"犬"字与"鬳"字组合,指"用'鬲'这种大锅煮狗肉作祭品"。因指的是煮狗肉,这跟犬有关,所以古人用"犬"字作"献"字的形符。

古人为什么用"鬳"字作"献"字的声符呢?古代的"鬳"字其实就是"鬲",这个字读"gé",也读"lì"。在甲骨文中像鼎一类煮食物的器具,圆口,三足分裆,足内中空,以便增加受热面积,本义指"古代鼎类的蒸煮炊具"。用在这儿表示"烧狗肉的大铁锅"。

金文的字形由甲骨文演变而来,小篆的字形由金文演变而来,楷书的字形由小篆变来,写作"獻"。当时有个俗体字写作"献",现作简体字用。

"献"字的本义指"祭品"。由本义引申指"恭敬地送上",如:奉献、敬献、贡献、呈献、捐献、献身、献礼、献花、献词、献宝、献计献策等。"献"字由上义引申指"表现出来",如:献歌、献技、献丑、献媚、献殷勤。

向南寻猎犬——献

民国年间,江苏徐州云龙山脚下有个猎户名叫献三郎。这年初春,他的猎犬忽然不见了,四处寻不到,献三郎几乎发疯了。他茶不思,饭不想,赶到城里找测字先生求测:猎犬能否找到?该往哪儿找?

测字先生年近古稀,学识渊博。他听罢献三郎的叙述,要他出个字。

献三郎说:"在下姓献,就测'獻'字吧,这字笔画太多不会写。"测字先生铺纸提笔,写了个"献"字道:"古代的'献'字有'烧狗肉祭祖宗'的意思,后来加了个'虎'字皮写成'獻',原先的'献'字反而成了俗体字。我就测这个俗体字吧。"

说到这儿,测字先生将"献"字放到献三郎眼前分析道:"壮士请看,'献'字左边是'南'字,右边是'犬'字,按地理位置左西右东来分析,你应向东南方向去找。猎狗机智灵敏,不至于迷失不归。东南方向是丰县、沛县所在,那儿的人比徐州人更爱吃狗肉,也许你的爱犬是被人下了药盗走的……"

献三郎一听,急坏了,问:"还有救么?"

测字先生摆摆手:"宁默毋躁。你的爱犬,眼下安然无恙。你看,这'献'字里的'南'字中有个'幸'字形。'幸'者,幸运、幸亏、有幸之义,旁边的'犬'字靠着'幸'字。盗犬者可能也爱这条犬,不忍将它烹杀祭祖,你快往东南方向去找,兴许能找到……"

献三郎听罢,谢过测字先生后,一口气跑了二十几里,见一山坳(ào)里有座村庄,献三郎隐隐听到,从那儿传出一阵阵狗叫声。献三郎加快脚步,奔向山坳,狗叫声更响了,他断定这是他的爱犬闻到了他的气息,在向他呼救。他冲进村子,顿时惊呆了。村口打麦场上,十几个乡民架着铁锅,磨刀霍霍,正准备杀狗祭祖呢。他的狗被拴在柱子上,看到主人来了,可怜巴巴地呜咽着,似乎在哭泣。就在这一刹那儿,献三郎拔出腰刀,"唰"的斩断拴狗的绳,随即将刀和枪放在脚下,双手抱拳,眼含泪求道:"各位乡亲,这狗是我的命,要杀就杀我吧!"

人群中一位长者,弯腰帮他拾起刀枪,轻声道:"多有得罪,请回吧。"

谷物成熟散发香气

xiāng
香

甲骨文
金文
小篆
隶书
楷书

甲骨文的"香"字，是个上下结构的会意字。由"黍"和"甘"组成。

上面的"黍"字读"shǔ"。这是种植物，去皮后俗称"大黄米"，产于西北高寒地带，别处不多见。在古代，"黍"是上等粮食，同时也是酿酒的主要粮食。

下面是个"甘"字，表示"甜美"。

到了小篆时，上面的"黍"字变为"禾"，下面的"甘"字变成了"日"。"禾"表示"谷物"，"日"仍表示"甘甜"。两字组合在一起，表示"用黍米做的饭香气扑鼻"，也可指"用黍米酿的酒香气四溢"。

也有人认为，这"香"字下面的"日"字应该理解为"口"字。"日"字当中一小横是指"口中的舌头"。这"口"字表示"将食物或酒端到口边，闻到香气"。所以"香"的本义是"气味芬芳"，如：饭香、酒香、香水。

"香"由"谷物和酒的香味"引申为"花的香味"：花香。又引申指"好闻的味道"，跟"臭"相对。

"香"字表示"味道好"，如：香甜可口，又香又脆。香甜可口，吃了舒服，因此"香"字又表示"舒服"：睡得香，吃得香。

"香"因"气味好闻"，就有"受欢迎、受重视"的意思，如：吃香、香货。

"香"也作动词用，在方言中表示亲吻，如：香香面孔。

"香"也表示"天然的带有香味或加工制成的东西"，如：檀香、蚊香、香精。

"香"，也作姓氏用。

苗儿安家太阳上——香

对学龄前幼儿是否教他们识字，在幼儿教育界存在很大分歧。

有的人主张，可以教幼儿识字。事实上，有许多四五岁的孩子，通过家长教和自己耳闻目睹，已识两千多字，还有的识四千多字。

也有些专家认为，不应该教幼儿识字。

其实，孩子们通过电视传播乃至满大街的路牌广告，以及家里各种器具的名称，已识了不少字。

让孩子们在轻松愉快的游戏中学认字，会收到意想不到的效果。有位幼儿园老师让孩子们认识"香"字时，先让他们闻香花、抹香脂，又说"吃饭香、睡觉香"，使他们有感性认识。在这个基础上，这位老师又编了一首谜语儿歌，谱成曲子教大家唱：

> 一棵禾苗不怕晒，
> 太阳上边把家安。
> 问它住了多少日？
> 它说住了八千天。

这首儿歌，也是个谜语。"禾"苗放在"日"字上，这就是个"香"字。同时又采用拆字手法，把"香"字拆成"八"、"千"、"日"三个字，读来朗朗上口，又十分有趣。在不知不觉中，孩子们已学会了"香"、"禾"、"日"、"八"、"千"五个字。

两岸相望难相往——湘

xiāng
湘

金文

小篆

湘
隶书

湘
楷书

小篆的"湘"字字形像条河流，这是个左右结构的形声字兼会意字。左边的"水"字，作形符，指跟"水"有关。

右边的"相"字读"xiāng"，作声符并会意。

"相"字与"水"字组合，指"贯穿湖南最大的河流——湘江"。因是指"江河"，所以古人用"三点水"作"湘"字的形符。

古人为什么用"相"字作"湘"字的声符呢？

古代的"相"字，表示"用眼睛观察树木，看这树够做什么材料"。也有人认为是"用眼看前面的标杆"。还有人发挥想象力，认为湘江宽阔，两岸的人能隔江相望但难相互来往，所以才用"相"字作"湘"字的声符并会意。这很富有诗意。

楷书的字形由小篆演变而来，写作"湘"。

"湘"字的本义指"湘江"。

湘江发源于广西，流至湖南入洞庭湖。

湖南的别称因湘江而名为"湘"；湖南风味的菜肴称"湘菜"；湖南地方戏曲剧种之一称"湘剧"；湖南出产的刺绣，颜色素雅，所用的丝线极其纤细，称"湘绣"，产品多用于日常服饰；分布在湖南一带的方言称"湘语"；湖南出产的香妃（fēi）竹称"湘竹"；用湘妃竹制成的帘子称"湘帘"。

"湘"字也作姓氏用。

刘高参妙说"湘"字

民国年间,四川有位大军阀名叫刘湘,生于1888年,四川大邑人,曾任四川省主席,卢沟桥事变后,刘湘率军出川抗战。1938年因病在汉口去世,被追授为国民革命军一级上将。

刘湘有位本家兄弟,担任他的参谋长,人称"刘高参"。这位刘高参,学识渊博、思维敏捷、精明强干,很有计谋。据说刘高参精通文字,善于测字、解字,偶尔露一手,令人折服。

当时,四川还有位著名的爱国实业家、教育家、社会活动家,名叫卢作孚。他是中国近代交通运输业的先驱者,是民生轮船公司的创办人。

卢作孚是重庆合川人。重庆位于中国西部,属内地,跟东南沿海及外部世界的联系,全靠长江这条黄金水道。卢作孚决定组建轮船公司,振兴中国的交通运输业。但长江水道都是刘湘军队的防区,沿路官兵常有敲诈勒索的现象。为求航运平安,卢作孚托人向刘高参问计,请他向刘湘求情,保护航运畅通,不受干扰。

刘高参认为此事与国民有关,便当回事儿放心上。这天,公务繁忙之余,刘高参利用饭后闲谈的机会,对刘湘说:"自古以来,一山不藏二虎,一川不容二流。"此话暗指当时四川两大军阀刘湘和刘文辉。"'湘'字乃水旁,刘文辉的'辉'字属金旁。水火不相容,只能以水克金,水盛才能灭火。因此,凡与水相关的事,将军务必热心辅助啊。"

刘高参说:"重庆在内地,长江通上海乃至通往海外,办航运可兴水德。将军的'湘'字,左为三点水,当中是'木'字,右为'目'字。以卑职之见,此三字相连,有'眼前浇水种树,为后人乘凉享福'之形,亦有'功在当今,利在千秋'之意,后人不忘将军兴长江航运之大德,仅就此事,将军亦将名垂青史。"

刘湘听了此番解释,深有触动,表示应大力支持此事。由此,民生公司轮船在川江航行通行无阻。刘高参对"湘"字的这番解释,也可能起了很重要的作用。

两个解衣同耕田——襄

xiāng
襄

甲骨文

金文

小篆

襄 隶书

襄 楷书

金文的"襄"字是个会意字。外面是个"衣"字，"衣"字当中字符很多，有两个"口"字、"土"字和"又"字。"衣"中有两"口"，意为"有两人把衣服解开，张开嘴巴在唱劳动号子"；"土"字指"田地"；"又"字指"人的手"。这几个字符组合在一起表示"两人脱了衣服，唱着号子在耕田"。

古代还没用牛马耕田，或缺少畜力时，都是两人并耕，这叫"耦（ǒu）耕"。"襄"字就是表示"两人解开衣服合力耕田"的意思。

有学者作了合理的想象，认为"襄"字是个会意字。金文的字形表示人们在办丧事，一个个披麻戴孝，哭哭嚷嚷。办完丧事后，脱去衣服，开始耕作，过正常生活。

两种说法，意思是一致的，都讲到"脱衣合力耕田"。

小篆的字形由金文演变而来。楷书的字形由小篆演变而来，写作"襄"。

"襄"字的本义指"两人解衣，合力耕田"。

"襄"字由本义"合力耕田"，引申指"共同协作，互相帮助"，如：共襄义举。

举行婚丧祭祀时，协助主持者完成仪式的人称"襄礼"，也称"相礼"；帮助办理称"襄理"；在规模较大的银行或企业中，协助经理主持业务的人，地位次于协理的人也称"襄理"；从旁协助也称"襄助"。

由上面的词义可见，"襄"字的本义确实有"脱衣合力耕田"之义。这些词义都没离开"合力"这一本义。

"襄"阳考生说长春

襄樊是湖北的一座古城，位于长江边，2011年改为"襄阳"。襄阳有所中学，这所中学高三年级有十几个喜爱文学和文字的考生，铁了心要考文科。其中有位名叫黄襄的高材生，在为报考哪所大学时，动足了脑筋，他在同学圈子里征求过建议，还在百度网页上跟网友们探讨过。

黄襄虽是中学生，但对古汉语和古文字的研究，已达到了较高的水平。这与他的家教和个人努力是分不开的，他的语文老师也功不可没。

黄襄最终决定报考吉林省的长春大学。父母担心地问："你从南方到那天寒地冻的北国长春受得了吗？"

黄襄乐观地说："中国还有哪个地名及得上长春的？春在人间，天长地久，好地方啊。"

妈妈悄悄问："你又捣鼓测字术了吧？当心别走火入魔，把终身大事搞成迷信活动啊。"

黄襄笑笑："妈，请放心，我从网上和老师那儿，详细了解了长春大学中文系的师资力量和教学业绩。根据我的实力，报考长春大学是明智的。当然，我也搞了点测字术。"

爸爸一听，警惕地问："测的什么字？"

黄襄在大字本上写了个"襄"字说："就测你为我起名的这'襄'字。你看，上面是广字头，象征广大、广博、广度、广袤（mào）、广远……总之指全国范围。下面这两个'口'字指两座城市的面积和距离。我查遍了中国各省市的地图，比较下来，只有吉林省的长春市和吉林市距离相近，城市规模相似，所以选择了长春。"

爸爸追问道："既然相近相似，为何选长春？"

黄襄以略带嘲笑的口吻说："老爸，你文字水平不如我啰。你看这'襄'字下半段的字形，既有'长'字一半，又有'春'字形，我当然选长春啰。"

爸爸叮嘱道："别当真，就当开个玩笑吧。"

集体聚餐由飨变乡

xiǎng
乡

甲骨文

金文

小篆

鄉
隶书

乡
楷书

"乡"字说来复杂。它的繁体字是"鄉",而这个"鄉"是由"飨"字变来的,最后才简化成"乡"。

甲骨文的"飨"字,中间是个食器,里面装满了美味佳肴,左右两个男子,正面对面地半跪着张大嘴巴在享用。小篆的字形较金文发生了很大变化,表示两个男人的形状变成了两个"邑"字,下面加了个"食"字,变成了一个上面表示声的"鄉"字和下面表示形的"食"字,这就是"饗"。由于笔画太繁琐,后来简化为"飨"字。但表示读音的"鄉"字留了下来,最终成为"乡"。

"飨"字的本义是"集体聚餐"。男人们从田头回来,坐在一起饮酒闲谈。这些人是同一个村的,大家很亲密,这就为"乡"字打下了基础。

"飨"字仍按它的本义用,表示"用酒食招待客人"、"请人享受",如:飨客、以飨读者。而由此产生的"鄉"字成为表示"同乡、乡村"的"鄉",后简化为"乡"。

古代居民户口编制,一万两千五百户为一乡。现在指县市以下的行政单位为"乡政府"。

自己生长的地方为"家乡、故乡";同乡的人为"同乡";富贵发达后回老家为"衣锦还乡";不得已离开家乡为"背井离乡"。

"乡",又有"农村"的意思,如:城乡、下乡、鱼米之乡。

"乡"下见不到"郎"

从台湾回老家探亲的李先生,发现村庄里大都是老年人,年轻人却很少。这是怎么回事?

带着满腹的疑问,李先生走进了一户农家。这户农家的老大爷等李先生问完,用木炭在地上先写了一个简体的"乡"字,然后又写了一个繁体的"鄉"字,笑嘻嘻地说:"从前,'乡'下都是以青壮年男子为主,所以这个'鄉'字一大半是好儿郎的'郎'字。而今这些好儿郎都出去打工做生意了,'乡'下便见不到'郎',只剩下这个'乡'了,所以年轻人少呀。"

这一解释,可把远道而来的李先生逗乐了。

神所示的吉祥征兆

xiáng
祥

甲骨文

祥
金文

祥
小篆

祥
隶书

祥
楷书

　　说到"祥"字，先得说到"羊"字，因为"羊"字就是最早的"祥"字，"祥"字是由"羊"字进化而来的。

　　甲骨文、金文和小篆的"羊"字都是象形字，像正面观察羊头形，隶变后楷书写作"羊"。

　　"羊"字的本义指"一种反刍类的哺乳动物"。羊肉鲜美，是古代先民们生活、祭祀用的珍品，占有重要的地位。正因如此，"羊"字被借用表示"吉利"。这个意义被广泛使用后，古人为了有别于"牛羊"之"羊"，就另造了"祥"字来表示"吉利、吉祥"。

　　"祥"字是个左右结构的形声字兼会意字。左边的"示"字是形符，表示与"祭祀"及"鬼神"有关，右边的"羊"字是声符，读"yáng"。这两个字形组合在一起，指"神所赐的吉利的事"。

　　"示"，本指"祭祀用的祭台"，含有"神祖、鬼神"之义，所以"祥"字以"示"字作形符。古人之所以用"羊"字作声符，因为"羊"字本身就有"吉利"的意思，所以"祥"字以"羊"字为声符并会意。

　　"祥"字的本义指"吉利"，如：吉祥、慈祥、发祥地、龙凤呈祥。

　　"祥"字由本义引申指"吉祥的兆头"，指"好事情的兆头或象征"称之为"祥瑞（xiáng ruì）"。

　　"祥"字也作姓氏用。

避"署"山庄地址不"祥"

看看题目，你就知道，这里讲的是个有关错别字的笑话故事。

赤日炎炎的夏天到了，南京的气温一下子飙升到了41℃，据说是南京有史以来的最高纪录了，人们热得连走路都张大嘴巴在喘气。年轻人还熬得住，老年人可吃不消了，纷纷往外地跑。有家出版社领导出于对老同志的关心，要求办公室找个避暑胜地，组织社里体弱的退休老人到那儿躲几天，待高温过了再回来。

办公室办事员小刘，上网查了半天，发觉各大避暑胜地已是人满为患。后来听人说，东北牡丹江有处避暑山庄，刚开业不久，还有几十张床位。他打电话联系，对方答应尽量安排，要小刘将入住人员名单及身份证复印件寄去，以便及时办手续。小刘立即照办，将所需资料按对方要求用特快专递发了出去，然后又以最快速度预订了七天后的飞机票。他以为大功告成了，便通知各位老同志做好准备，七天后到牡丹江去享受清凉生活。

过了五天，还不见有回音。小刘急了，刚想打电话催问，却接到退回的特快专递，只见大信封上写着四个大字："地址不祥。"

这怎么可能呢？小刘去问特快专递公司业务员。那业务员说，这四个字不是他们写的，是避暑山庄的人拒绝接收，才写下这四个字。

小刘愤怒了。他拿起电话，问原先与他联系的山庄前台服务员："怎么回事？什么地址不祥？你看清楚，这是吉祥的'祥'，不是详细的'详'。我那地址是根据你说的写的，哪儿不详？"

对方也不含糊，回答道："吉祥不吉祥我们不过问，我只知道你写的是'避署山庄'，你大概把我们这儿当成你们的顶头上司新闻出版署了。错啦！床位没有啦！"

小刘一听，晕了。他看看特快专递上"避署山庄"四个字，确实是把"暑"字写成"署"了。他心里明白，对方是出于另的原因，把他预订的床位处理了。他写错了一个"暑"字，正好给了对方借口，就说你"地址不祥"了。至于他们把"详"字写成了"祥"，他也不追问了，因为最不吉祥的，就是那几十位在酷暑中煎熬的退休老人啊。

献祭品于宗庙供神享用

xiǎng
享

甲骨文
金文
小篆
享 隶书
享 楷书

甲骨文的"享"字是个指事字。字形就像亭子似的，与宗庙类的建筑相似。这儿是祭祀神灵和祖先的神圣场所，人们要把珍贵的祭品放到这儿，用于举行祭祀仪式，将这些祭品供神和祖先享用。

这些祭品以牛、羊、猪等的头为主，还有其他果品和美酒。

金文的字形由甲骨文演变而来，小篆的字形由金文演变而来，这些字形大体相似。

楷书的字形由小篆演变而来，写作"享"。

"享"字的本义指"用食物祭献神和祖先"。

"享"字由本义引申指"贡献"，也指"供神和祖先来享用"，又引申泛指"享受、享用"。如：生活得安乐美好，享受幸福称"享福"；享受安乐称"享乐"，这个词多用于贬义；在物质上或精神上得到满足称"享受"；使用某种东西而得到物质上或精神上的满足称"享用"；在社会上取得权利、声誉或威望称"享有"；享有名气或盛誉称"享誉"。

"享"字也作姓氏用。

这种福老父所享

　　清朝嘉庆年间，湖南安化县有位名叫陶澍的举子考中进士，后来在朝廷任职，因成绩突出，受到道光皇帝的重用。他在兴修水利、疏浚河道、兴办教育、培养人才等方面做了大量的工作。然而因忙于公务，积劳成疾，六十岁便去世了。在历史上，他是位难得的清官，与他同时代的林则徐对他十分敬佩。陶澍不仅有治理国家的才干，还学富五车，著书立说，为后世留下不少佳作，著有《印心石屋诗抄》《陶文毅公全集》等专著。

　　少年时代，陶澍便聪颖过人。据说，他十三岁时，有一天安化县城里有家榨油坊开业，油坊老板燃放鞭炮，请来四乡八村的秀才文人助兴，请他们为油坊题联庆贺。但没有一副让人耳目一新的。正巧陶澍跟几个小伙伴在附近玩耍，他见此情景，便走到放着文房四宝的方桌前，正提笔要写，却被父亲拦住了。父亲责怪他在这么多前辈面前无礼。他请求父亲让他试一试，于是挥笔写下了这幅对联：

　　　　榨响如雷，惊动满天星斗；
　　　　油光似月，照亮万里乾坤。

　　这幅对联，上下联头一个字突出"榨油"二字，联语气势磅礴，又与榨油坊的特点相关联。众人都拍手喝彩，不少人还向陶澍的父亲祝贺："贵公子有如此文采，前途无量，你将来必享大福啊！"

　　陶澍的父亲是个老实巴交的种田人，他谦逊地说："哪敢指望享什么大福啊，只要每日三餐有红薯包谷吃，有碗豆腐汤喝，我就心满意足啦！"

　　陶澍记住了父亲的这句话。这年春节，父亲让他给家里写春联，他挥笔写道：

　　　　红薯包谷豆腐汤，这种福老父所享；
　　　　齐家治国平天下，那些事小子担当。

　　父亲读了，乐得哈哈大笑。

家乡的声音——响

xiǎng
响

小篆 響

隶书 響

楷书 响

　　"响"字是现代的简体字，小篆的"响"字写作"響"，这是个上下结构的形声字兼会意字。下面的"音"字作形符，表示跟"声音"有关。上面的"鄉"字读"xiāng"，作声符并会意。

　　"鄉"字与"音"字组合，表示"发出声音后的回声"。因为讲的是"回声"，回声也是听得到的声音，所以古人用"音"字作"響"字的形符。

　　古人为什么用"鄉"字作"響"字的声符呢？

　　甲骨文的"鄉"字是个会意字。两边是跪坐着的人，中间装着食物，两形合一，指两人相对而食，本义指"两人相对而食"。后来假借指"百姓居住的小城镇"，后来引申指"生长的地方"，是自己的祖籍，这样就变成了自己的家乡。家乡的声音是难忘的，是各有特色的。家乡是人思念欲归之地，因而有"向"义。而"回声"是"返回的声音"，也有"向"义，是向着家乡而来的，所以古人用"鄉"字作"響"字的声符并会意。

　　楷书的字形由小篆演变而来，写作"響"，现简化为"响"。

　　响字的本义指"回声"。如：回声、回应称"回响"；回声相应，比喻用言语、行动对号召、倡议等表示支持赞同称"响应"；回声、反应称"反响"；还有"影响"等词。"响"字由本义引申指"发出声音"，如：响铃、响动、响声、声响、音响。由本义又引申指"声音高、声音大"，如：响亮、响音、山响、交响乐、响彻云霄、不同凡响等。

"响"与"绝响"

三国时期，魏国有位文学家叫嵇（jī）康，与阮籍齐名，是"竹林七贤"之一。嵇康爱好游山玩水。有一天夜晚，他投宿在华阳县城的一家旅店。夜深人静之时，他将随身带着的古琴摆下弹奏起来，沉浸在优美的乐曲声中。这时，有一旅客听到琴声，推门而入，坐在一旁静听起来，脚下还不由自主地随乐曲拍打着节奏，似乎是位知音。

嵇康弹罢一曲，请来人指点。这人也不推让，当即抚琴演奏，顿时流水淙淙，微风轻拂，蜜蜂飞舞，小鸟啾啾，满屋充满春的气息。这优美的乐曲，让人听了如醉如痴。嵇康连忙向来客请教。这人告诉他，这便是名曲《广陵散》。他将这乐曲传授给嵇康，并要他发誓：此曲到他为止，不再传给别人。

几年过去，嵇康一直遵守诺言，弹奏《广陵散》时，都是在深夜，独自欣赏，不传给他人。

当魏国进入末期时，司马昭已逐渐掌握魏国朝政大权，准备取代曹氏所建的魏国，由司马家族另立晋朝。司马昭发兵灭了蜀汉，自称晋公，后为晋王。司马昭死后不久，其子司马炎代魏称帝，建立了晋朝。

在这晋魏交替期间，嵇康因为人刚直，加上他与曹氏宗族有姻亲关系，不愿投靠司马家族。其间有个名叫钟会的政敌从中陷害，司马昭便将嵇康捉拿，并下令处死。

嵇康被押赴刑场时，视死如归，神情镇定。他向监斩官提出，临刑前不求酒食，只求再弹一次琴。监斩官同意，让人取来琴供他弹奏。于是，他在刑场上最后弹了一次名曲《广陵散》。弹罢，嵇康仰天长叹："几年来有许多人要向我学习弹《广陵散》，我一概拒绝。没料到，自今日起，此曲便失传了啊。"说罢，潸然泪下。

《晋书·嵇康传》在评价嵇康时，有"嵇琴绝响"一词。这词的意思是，嵇康临刑前所弹的琴声成了"绝响"。这"绝响"中的"绝"字表示"断绝，从此没有了"。"响"字表示"声音、音响"。"绝响"本指"失传了的音乐"，后引申指"失传的技艺或学问以及某种传统的消失与断绝"。

一字一世界

心里有所思索——想

xiǎng 想

小篆的"想"字,是个上下结构的形声兼会意字。"心"为形符,表示与"心理活动"有关。"相"读"xiāng",为声符,兼表意。

古代的"相"字是个会意字,左边为"木",右边为"目",表示"用眼睛观察树木,看能做什么料子,派上什么用场"。其本义指"观察、仔细看",又引申指"望而知其底"的意思。

"心"在这儿表示"心里有所考虑,有所思索"。心里思索的目的,就是推测未来,所以"心"与"相"组合,其本义就是指"思索、思考、动脑筋、想办法",如:想法、暗想、畅想、痴想、感想、空想、苦想、妄想、思想、想入非非。

"想",由本义引申指"希望、打算",如:想头、想望、设想。由此又引申指"预料、推测",如:想见、想来、猜想、想象、假想、料想。

"想",由本义又引申指"怀念、惦记",如:想念、怀想、追想、朝思暮想。

想 金文
想 小篆
想 隶书
想 楷书

东晋·王羲之
东晋·王献之
宋·张即之

富贵无心想

清朝康熙年间,有位读书人名叫李光地。此人学识渊博,是位才子。这天,他与几位好友到庙里拜访和尚。其中有位朋友建议,既然来到佛祖身边,何不求个签,问问各自的前程?

李光地第一个抽签。抽出来一看,上面写着两行字:"富贵无心想,功名两不成。"

李光地一看,竟是两句不吉利的话,但他不以为然,淡淡笑道:"这种事,岂可当真!"朋友们怕他不快,安慰道:"这签夸你哩!说你高风亮节,不求富贵,看淡名利,何等清高!"

李光地乐呵呵地说:"吉利也罢,不吉利也罢,反正老样子,一心苦读圣贤书,谈何功名富贵!"

李光地聪明好学,为人谦虚谨慎。五年后,他考中戊戌科进士,并且被提升为文渊阁大学士。在当时,大学士这官职,充当的是皇帝的顾问,负责起草诏令、批答奏章。大学士官品虽低,但实握宰相之权,官阶相当于宰相。

直到这时,李光地的朋友们方才明白过来,当年李光地在庙里求得的是上上签,那两句是大吉大利的话啊。"富贵无心想",指的是"想"字去"心",就是个"相"字,如今李光地的官职不是相当于宰相么?"功名两不成",指的是"戊戌"这两个字皆似"成"字而非"成"字,李光地不就是戊戌科进士么?

李光地听了朋友们的一番解释,仍然淡淡一笑:"那样的事,岂能当真的么?"

[瓦当欣赏]

战国画像瓦当

脖子后部的颈项

xiàng
项

项
小篆

项
隶书

项
楷书

　　小篆的"项"字是个左右结构的形声字兼会意字。右边的"页"字作形符,"页"有"头部"的意思,表示跟"头部"有关。左边的"工"字读"gōng",作声符并会意。

　　"页"字与"工"字组合,指"人脖子后部的颈项"。因为脖子是连接头部和身躯的,所以古人用"页"字作"项"字的形符。

　　古人为什么用"工"字作"项"字的声符呢?

　　人的头部和身躯是两个部分,而使头和身子相连的脖子是连接的管道,这就跟"工"字当中的一短竖相似。这"工"字就像上下连通一样,所以古人用"工"字作"项"字的声符并会意。

　　楷书的字形由小篆演变而来,写作"项"。

　　"项"字的本义指"脖子的后部"。如:人的颈项和背脊称"项背";套在脖子上垂挂胸前的链形物称"项链";套在脖子上的环形物称"项圈";脖子后部也称"颈项"。

　　"项"字假借指"事物的种类或条目"。如:事物按性质分成的门类称"项目";某项工程报请有关部门批准立为建设项目称"立项";不肯低头,形容刚强正直不屈服称"强项",也指"自己最拿手、最突出的本事或项目";事情的项目称"事项"。

　　"项"字也作"分项目的事物的量词",如:一项工程、四项原则。

　　"项"字也作姓氏用。

望其"项"背追得上

"项"字多作名词用,指"人的颈部的后半部分"。"项背"也属名词,指"颈的后部和脊背",也指"人的背影"。如形容行进的人多、连续不断称为"项背相望"。成语"望其项背",指能够望见别人的颈后部和脊背,表示还能赶得上或比得上。这个词语一般多用于否定式,常用的句式是:难以望其项背。

"望其项背"这个成语,出自清代汪琬的《与周处士书》:"言论之超卓雄伟,真有与诗书六艺相表里者,非后世能文章家所得望其项背也。"这句话的意思是说,其所表达的言论十分精辟,后代的文人是难以超越的。

就这四个字的比喻义来讲,恐是难以令人信服的。也就是说,这个成语有很多不严密的地方,用起来欠准确,容易出现歧义,而且前面非得加修饰词,否则会把意思弄反了。

为什么会出现歧义?因为这有违实际生活的常理。一个人从后面能看到前面人的脖子和后背,怎么就能判断无法超越前面的人呢?这里且不说两者体力、实力包括所乘坐的交通工具,单就日常生活经验来说,后面人若能看到前面人的项子和宽大的背部,说明两者距离并不远,如若腿脚没毛病,加快脚步就能赶上去或超越前者,这有何难,又能有什么稀奇?如果连前面人的影子都看不到,证明距离很远,难以追赶,这才合情合理。若说到文章优劣,拿能看到前面人的项部与背部这段目测距离相比,换句话说,也就是个初中生与高中生的高下,怎么能说是无法超越呢?这也有点虚张声势、夸大其词了。所以汪老先生说得有点过头,属"溢美之词"。

好在广大读书人还是有水平的,在使用"望其项背"这个成语时,拓宽了范围,把凡能看得见别人项背的,都表示还能赶得上或比得上,而不是无法超越。使用时,一般多用了否定意义的句子,并在前面加上"不能"、"难以"、"很难"等词。如:难以望其项背、非我等所能望其项背。如果前面不加这几个字,那就很容易把意思用反了。

长鼻子大象

xiàng
象

甲骨文
金文
小篆
隶书
楷书

甲骨文的"象"字是个象形字。字形就像一只长鼻子大象。上部是大象的头，一根长长的鼻子伸向左上方，长鼻子是大象显著的特点。下部是大象庞大的躯体和尾巴。

金文的字形由甲骨文演变而来，但稍有变动。篆文使其整齐化。隶变后的楷书写作"象"，写时第六笔连通，不能断开。

"象"字的本义指"大象"，如：象牙、象腿、象鼻子、象棋。

"象"字由本义假借指"样子、形状"。如：经过感知的客观事物在脑中再现的现象称"表象"；疾病的症状称"病象"；奇怪的现象称"怪象"；虚假的、同事物本质相反的现象称"假象"；情景、现象称"景象"；危险的现象或险情称"险象"。还有气象、惨象、迹象、物象、天象、想象、形象、血象、意象、印象、征象、星象等词。

"象"字假借指"摹仿、仿效"，如：拟声词也称"象声词"。

"象形"是六书之一，即我们常说的"象形字"。象形是说有些字描摹实物的形状，如"日"、"月"、"山"、"水"等都是为描摹这些实物实景而创造的文字。大象的"象"字也是象形字。"象形文字"就是"描摹实物形状的文字"，每个字有固定的读法，和没有固定读法的图画文字是不同的。所以"象形字"不能写作"像形字"。

龟为首，豕为身——象

人们用文字写成诗歌、文章，传递信息，抒发自己的感情，也用来作为战斗的武器，起宣传鼓动的作用，与敌对者作斗争。汉字除了有这样的功能之外，它还有特别之处。有些汉字经过拆装组合，就能变成一把匕首或短枪，能作为武器击伤敌对者或将他置于死地。

民国年间，苏南某市有所师范学校的校长，名叫龚象衡。此人思想保守，心胸狭窄，为人阴险。他容不得学生读进步书刊，更容不得教师有开放言论，平日不许学生外出，暗中与警方勾结，监视有进步倾向的学生。

龚象衡的恶行，为广大师生所忌恨。为警告龚象衡，一天深夜，有人以其姓名，用拆字法写了一副对联，贴在校长室的大门两旁。

对联的横批是"鱼龙变化"。

上联为"龟为首，豕为身，不可与共"；

下联为"龙其头，鱼其腹，难以偕行"。

上联的"龟为首"指"象"字的上半部，"豕为身"指"象"字的下半部，"不可与共"指"象"字的上半部与下半部的"豕"字共用一横。

下联"龙其头"指"龚"字的上半部"龙"字，"鱼其腹"指"衡"字的中间部位，"难以偕行"指"鱼"字分在两字中间。

这副对联，把"龚象衡"三字拆解得清清楚楚，且把他的为人也揭示得入木三分。同时，"不可与共"及"难以偕行"指"不可与此人相处"，表明了自己的严正立场。

按照人物做的图像

xiàng
像

像 小篆

像 隶书

像 楷书

古代的"像"字，是个左右结构的形声字兼会意字。左边的"单人旁"是形符，表示跟"人"有关，右边的"象"字是声符，读"xiàng"。这两个字形组合在一起，指"按照人物的原样制成的图形"。

图像是按人的原样制作的，所以"像"字以"人"字作形符。古人为什么用"象"字作"像"字的声符呢？因为古代的"象"字就是"像"字的本字，它本身就有"相似"的意思。而"像"指"人物与图形相似"，所以"像"字以"象"字作声符并会意。

"像"字的本义指"按人的原样制作的图形"。如：用金属、塑料等制成的带有人像的纪念章称"像章"；用木头、石头等雕刻而成的图像称"雕像"；用画笔绘制而成的图像称"画像"。肖像、人像、神像、佛像、铜像、头像、胸像、绣像、遗像、造像、偶像等都是指"按原形制作的图形"。

"像"字由本义引申指"相似"，如：他很像他爸爸；他模仿得真像。

"像"字假借指"比方、比如"，如：像这样的事不会再发生了；像这样的古建筑一定要保护。

"像"字也作姓氏用。

沐猴而冠——像

这天,无锡梁溪谜语研究会在西水关茶楼举办讲座,茶客和谜友们纷纷落座。就在这时,茶楼下的广场上响起一阵铜锣声,不少人围了上来。不知哪儿来了个耍猴的,牵着两只穿衣戴帽的猴子摆场子。众人站在窗口正想看热闹,有位市容管理员过来,把耍猴的赶到别处去了。

众人坐下,小陶开玩笑地说:"出个字谜,猜出来的我敬他一杯茶,'沐猴而冠',打一字。"

半晌,无人应答。又过了会儿,一位老者应道:"小猕猴穿衣戴帽像个人,是个'像'字吧?"

小陶走过去,向他敬了杯茶。有位小伙子问:"像人的'像'字,右边是'大象'的'象'啊,怎说像人?"

会长马汉文答道:"甲骨文的'象'字是象形字,字形就像一头大象。本义指'长鼻子象',后来引申指'想象'。又引申指'模拟、仿效',这就是'象形、象声'。由此又引申指'类似、如同',也指'形状、现象',如景象、气象。这个字用处太广了,古人为了分化字义,就在左边加'单人旁',专门表示'相似',如'好像',也指'画像、音像、像章'……这样分析下来,大象的'象',就是最早的'像',它也表示'相似'。所以它跟'人字旁'组合,有'像人'的意思,这就是'沐猴而冠'啰。"

[瓦当欣赏]

秦汉瓦当

一字一世界

用眼睛察看树木——相

xiàng
相

相 甲骨文

相 金文

相 小篆

相 隶书

相 楷书

　　早期甲骨文的"相"字是上下结构。在金文中,"相"字是一个左右结构的会意字,左边是一棵小树,右边是一只眼睛。两形会意表示"用眼睛察看树木"。

　　"相"字到了小篆中,仍然是个左右结构的会意字。左边是一棵树,右边是人的一只眼睛,意思也是"用眼睛看树"。在小篆中,"相"已经接近于现在的"相"字的写法。

　　古人为什么要以"用眼睛察看树木"来表示"相"呢?原来,在远古时代,人们造房或生活要用到树木,所以木材在他们的日常生活中起着极为重要的作用,他们常常会根据需要,亲自观察、选定木材,所以"相"的本义是"审视、察看"。

　　在现代汉语中,"相"字是一个多音字。

　　一个是沿用了"相"的本义,表示"亲自看某样东西是否符合心意",这时"相"读作"xiāng",表示"双方之间",如:相似、相同、相仿、相等。也用来表示"双方互助",如:相助、相帮、相处、相识、相亲相爱。

　　另一个读音是"xiàng",表示"模样、容貌",如:长相、照相、凶相、相貌。也表示"坐立等姿态",如:坐有坐相,吃有吃相。"相",也用于"观察事物的外表,判断其优劣",如:相马。或指"物体的外观",如:月相、金相。人们在评判一件文物的价值时很看重这件文物的"品相"。

　　我国古代有一个官职叫"宰相",现在国外的某些国家的首脑叫"首相"。

　　旧时女子称自己的丈夫为"相公"。"相声"中的"相"也读这个音。

倒霉的术士测"相"字

元朝时,丞相相哥十分热衷于测字。

一天,相哥请来一个术士,写了一个"相"字,想请术士测测自己能当多长时间的丞相。

术士说:"恕小人直言,把'相'字右边的'目'横过来看,是个'四'字,而左面的'木'字拆开为'十八',所以大人官居相位只有四十八个月。"

相哥一听,觉得不吉利,二话没说,命人将那个术士打入大牢,足足关了四十八个月。

鸟头挂木上示众——枭

xiāo
枭

小 篆

枭 隶书

枭 楷书

　　古代的"枭"字是个会意字。上面是个"鸟"字简省的写法，下面是个"木"字。这两个字形组合在一起，表示"将鸟的头割下来，挂在木头上示众"。

　　为什么将鸟头挂在木头上示众？这是一种什么鸟？这就牵涉到这个字的本义了。

　　这"枭"字的本义就是指"一种凶猛残忍的鸟，名称为'枭'"。但无人能证实这种鸟是否存在过，只是传说。旧时传说枭食母亲的肉，所以它被称为"不孝鸟"。《说文解字》在解释"枭"字时是这样说的："枭，不孝鸟也。日至，捕枭杀之，从鸟头在木上。"有人考证，认为这恶毒的枭，就是我们所熟悉的猫头鹰。

　　据说，小猫头鹰羽毛丰满、翅膀坚硬后，就吃掉它的母亲，过独立的生活。猫头鹰的样子可怕，夜间外出捕猎老鼠、野兔等小动物，叫声怪异，所以不讨人喜欢，将其当作不祥之物。汉朝时有规定，每年夏至那天，各地都捕杀猫头鹰。其实这真是冤枉了这种对人类有益的益鸟。

　　因为人们把猫头鹰当作最坏的鸟，所以用它来比喻横行霸道、野心勃勃的人，将这种人称为"枭雄"。因为"枭"字是指"将鸟的头割下来挂在木上"，所以"枭"字有"斩、杀"的意思。杀头称为"枭首"。把勇猛强悍的将领称为"枭将"、"枭骑"。把贩毒品的罪犯称为"毒枭"。

"枭"首示众

"枭"字本义指"一种食肉的鸟",属猛禽,长相和我们常见的猫头鹰很相似。这种鸟怎么会跟极为残酷的刑罚联系到一块儿,表示"砍下人头,悬挂起来",称为"枭首示众"呢?

据说这跟枭的生存心性有关。

在母枭孵化小枭时,由于身体亏虚,缺少营养,急于补食。当公枭往返劳累,无法及时寻找到食物时,就把自己的身体奉献出来。它会蹬腿猛地一跳,用自己坚硬有力的勾喙,死命地咬住鸟巢上方伸出来的树枝,此后再也不松口。它就这样悬吊在那儿,当母枭到了饥渴难忍,实在坚持不下去的时候,它便仰起头来,用锋利的勾喙,一口一口地啄食公枭的肌体,喝公枭的血液充饥。一只完整的公枭,足以让母枭吃到孵化出小枭来。

当小枭出生后,母枭没有体力飞出去为它们补食,它无法喂养这些嗷嗷待哺的小枭,唯一的办法就是像公枭那样,将自己的身体奉献出来,作为小枭们飞离枭巢,去过独立生活前的食物。这时,母枭会反复地跳跃,去啄食公枭悬在树枝上的残骸,这是在做示范动作,让小枭们学会啄食。当树枝上仅仅剩下公枭的脑袋时,母枭就会像公枭一样,使尽最后一点力气蹬腿跳起来,一口咬住那根树枝,再也不松口,就这样悬着,让小枭们啄食自己。小枭们也会按母枭所示范的动作,跳跃着去啄食,撕咬树枝上挂着的食物。它们就这样腾跳着,一口一口地啄食。等它们成长了,会飞了,出巢了,可以在蓝天白云下自由翱翔了,这时,大森林里又多了几只猛禽,而那有枭巢的树枝上,也多了一只枭首。

人们对枭的这种生存方式,多存贬义。由于枭的出生,会导致父母双亡,小枭是硬生生地将生养它的母亲一口口吃掉的,所以古人把它看作是天下最狠毒凶恶的动物,故有"毒枭"、"枭雄"、"枭首示众"这些恶评。这些说法是否有失公允?人们为什么不想想,这是动物的本能啊,或者是适者生存所致,它一代一代延续下来,所以能生存到今日,这有什么可责怪的呢?

夜晚——宵夜

xiāo
宵

金 文

宵
小 篆

宵
隶 书

宵
楷 书

  金文的"宵"字是个上下结构的形声字。上面的"宝盖头"作形符，表示"房屋"。这个房屋在这儿起什么作用呢？它是告诉人们，天已黑了，在外的人都回家了，表示"夜则入室"，准备休息。

  下面的"肖"字作声符。隶变后的楷书写作"宵"。

  "宵"字的本义就是指"夜晚"，也称"宵夜"。

  夜间半夜称"宵分"；夜间戒严，禁止通行称"宵禁"；美好的夜晚称"良宵"；整夜、通夜称"通宵"。

  夜晚后的酒食称"夜宵"。农历正月十五夜晚，旧时把这天称为"上元节"，所以晚上叫"元宵"。人们把这天夜晚吃的用糯米做的汤圆称作元宵。

  "宵小"泛指"坏人"。

  "宵"字也作姓氏用。

"元宵"改名为"汤圆"

古代儒家学说重礼，但又讲节制，所以把礼称为"礼节"。凡礼都要适可而止，礼太多太重，反而繁琐，造成不便，引来麻烦。

旧时的避讳，也是礼节的一种，表示对圣人、帝王乃至对祖辈的尊重，不直呼其名，尽量回避，这也合乎情理。但将此无限扩大化，连谐音字也不能讲，这就是过犹不及，将事物引向反面了。成语"只许州官放火，不许百姓点灯"便是极好的例子。人们用这样的笑话故事来讽刺避讳之风，可见怨恨到何种程度了。

有些人利令智昏，总是过高地估计自己的权势，滥施淫威，重复"州官放火"的故事。民国年间的窃国大盗袁世凯便是这样。

袁世凯复辟帝制，当上了洪宪皇帝，虽然只有短短的八十一天，但遗臭万年。在这八十一天中，他干了许多坏事和蠢事。其中有一件事，与避讳有关，至今流毒尚存，人们将它作为笑谈。

民间有种食品，名叫"元宵"，是用糯米粉等做成的球形食品，有馅，可煮、可蒸、可油炸吃，是农历正月十五元宵节的应时食品，为民众所欢迎。

不知是袁世凯自己发觉，还是手下爱拍马屁的人讨好，说"元宵"二字犯了大忌——这两个字的读音与"袁消"谐音。"宵"与"消"谐音尤为恶毒。"消"有"消灭"、"消亡"、"消失"之义，这不是暗指"消灭袁氏王朝"么？于是下令改"元宵"这一节日食品为"汤圆""汤团"，至今仍沿用。但有人反问："袁"与"鼋"谐音，这鼋（yuán）就是鳖（biē），俗称"团鱼"，也称"大甲鱼"，最难听的是称"王八"。这大王八跟"汤"连在一起也可称"汤鼋"。汤是热水。而汤中之王八，岂不是供人食用的么？此乃凶险之谶（chèn）言。果然，时隔不久，袁世凯在万人的唾骂诅咒声中一命呜呼了。

含有香味的植物——萧

小篆的"萧"字是个上下结构的形声字。上面是个"草",表示这个字与"草木"有关。下面是"肃"字,表示读音。

"萧"的本义指"艾蒿,一种含有香味的草本植物"。这种植物在秋季开花。

也许是因为这种植物在秋季开花,与秋季搭上了边,而秋季是个花草枯萎的季节,所以就由这种植物转义为"寂静冷落、没有生气"的意思,如:萧然、萧索、萧瑟、萧条、萧森,这些都有"不兴旺而又凄凉"的意味。

"萧萧"形容风声或马叫声,如:风萧萧、萧萧马鸣。

"萧"作为姓氏用,有人写作"肖",把它作为"萧"的简化字。其实不能通用,因为"萧"和"肖"是两家子,不能将姓"萧"的和姓"肖"的混为一家人。

北魏《孙秋生造像记》

唐·欧阳询《皇甫府君碑》

唐·褚遂良《哀册》

草中肃——萧

大约在公元479年前后，正是南朝宋末时期。当时天下大乱，禁军将领萧道成乘机在淮阴积蓄势力，成为当时举足轻重的大人物。

这时正在南徐州当文官的荀伯玉认准此人前途无量，便前去投靠。刚开始，萧道成根本没把这个小文官放在眼里，对他爱理不理的。

一天，荀伯玉对他说："前些日子，卑职做了一个梦。梦见广陵城楼上有两个小童在唱：'草中肃，九五相追逐。'卑职醒后，琢磨了半天，这才知道，此梦跟大将军有关。"

萧道成赶紧问道："怎么会与我有关呢？"

荀伯玉故作神秘地笑了笑，接着说："'草中肃'，合在一起是个'萧'字；'九五'乃飞龙在天，是帝王的尊称。这不是明摆着说大将军是位居九五之尊的真命天子吗？卑职既得天意指点，哪有不来追逐飞龙的道理呢？"

萧道成听了这番话，大喜过望，立刻重赏荀伯玉。

不久，萧道成见时机成熟，废掉了刘宋皇帝，自立为帝，称为高帝，改国号为齐。

四周众口喧哗——嚣

xiāo
嚣

金文的"嚣"字是个混合结构的会意字。中间的"页"字表示"人的头部"。在"页"字上下左右各有一个"口"字。以人头表示"人",指人的周围有众口在说话叫喊,用以表示"喧哗、吵闹、嘈杂"。

小篆的字形由金文演变而来,使其整齐化、文字化,四个"口"字摆放得更合理、美观。

楷书的字形由小篆演变而来,写作"嚻",现简化为"嚣"。

"嚣"字的本义是"喧哗、吵闹",如:叫嚣、喧嚣。喧嚣嘈杂称"嚣杂",还有:烦嚣、市嚣、嚣尘。"嚣"字由本义引申指"放肆、猖狂",如:恶势力猖狂放肆称"嚣张"。成语"甚嚣尘上"比喻喧闹得很厉害,以此形容到处议论纷纷,一片哗然,气焰嚣张。

金文

小篆

隶书

"嚣"与"叫嚣"

唐朝有位散文家叫柳宗元,他写了大量反映人民悲惨生活的作品,其中有一篇《捕蛇者说》就记述了他在永州当司马时遇到的一件事。

有一天,柳宗元在永州山村碰到一位姓蒋的人。此人以捕蛇为主,柳宗元与之攀谈,了解民情。

永州一带有种毒蛇,全身夹杂黑白花纹,极为恐怖。此蛇触到树木,树木不久便枯死。若人被咬,全身肿胀,无药可治,必死无疑。

此蛇极毒,却是一种珍贵的药材。将其晒干,皮肉骨骼研成粉末,可治麻疯病及恶疮等绝症。正因如此,宫廷太医借皇帝之令,在永州一带征收这种毒蛇,每年春夏征收两次。乡民可以用交毒蛇的方法顶替应交的租赋。因此,永州山民都争着捕蛇,并以此为业。

这位姓蒋的乡民,家族世代都以捕蛇为业。他的祖父及父亲都命丧于蛇毒,他自己本人也多次被蛇咬过,因有蛇药抢救才幸免一死。

柳宗元好言相劝:"既如此危险艰辛,我为你作主,让你改变这职业,恢复你租税,可否?"

蒋姓乡民声泪俱下,回应道:"万万使不得,我愿干这危险差事。我家三代生活于此已六十多年,六十年来,生活于此的乡邻大都搬往他乡或病死饿死,唯独我家因捕蛇而能维持至今。"

柳宗元听了此话,深感苛政猛于虎,百姓被税赋压得难以生存啊。蒋姓乡人诉说,官府差役下乡收税赋,就如强盗一般:"悍吏之来吾乡,叫嚣乎东西,隳(huī)突呼南北,哗然而骇(hài)者,虽鸡狗不得宁焉!"他这句话的意思是:凶狠的官吏差役一到我们乡下,就吵闹叫喊着,在东南西北到处骚扰发威。还随意砸东西,闹得人人受惊吓,就连鸡狗都不得安宁。而唯独捕蛇者例外。因此他只要看到篓子里捕到的毒蛇还在,他就放心了。他一年只要冒两次险,比起种田的同乡,他的日子好多了,所以他宁愿捕蛇。

捕蛇者所言,使柳宗元深为同情,于是写下了《捕蛇者说》一文,其中捕蛇者说的"叫嚣"一词,也成了我们今日的常用语,用来表示"大声吵闹,肆意喧哗",这就是疯狂叫嚣、大肆叫嚣。

细碎的尘沙微粒——小

xiǎo
小

甲骨文

金文

小篆

小
隶书

小
楷书

甲骨文的"小"字是个象形字,也是个会意字。字形像四粒细碎的尘沙微粒,指"细小"。

金文的字形由甲骨文演变而来,这些细微的沙粒少了一粒。小篆的字形由金文演变而来,变成了当中一竖,两边合起来的"八"字。这一竖从中间将一物分开来的样子,似乎告诉人们:大的也会变成小的。用一竖和"八"字表示"细小"。

楷书的字形由小篆演变而来,写作"小"。

"小"字的本义指"细碎的尘沙微粒"。这一本义含有三种意思,就形体说,表示"细微";就数量说,表示"不多";就质地来说,表示"沙粒"。为了分化字义,古人就专用"小"字表示这种"细微"。

"小"字根据这一本义,引申指"体积小,数量少,力量弱"。在这些方面不及比较的对方大,也不及对方多,也不如对方强。如:较细较小的葱称"小葱";小的白菜称"小白菜";小的车子称"小车";饭店中份量少较便宜的菜称"小菜";较小的豆子称"小豆"。还有小道、小队、小路、小楷、小雨、小百货、小意思等词。

"小"字由本义假借指"时间短的",如:小坐、小憩。由本义引申指"年龄小或排行靠后的",如:小孩、小辈、小将、小姨、小学生。

"小"字又假借指"谦词",称自己或与自己有关的人或事物。古人称自己往往前面加"小"字以示自谦,如:小老、小可、小生。现在也用"小"字自谦,如:小卖、小店、小弟、小女。

"小"村小店小本小利……

说起"乐山大佛",无人不知,无人不晓。大佛为弥勒佛坐像,高七十一米,是中国最大的尊摩崖石刻像。大佛开凿于唐代开元元年间,完成于贞元十九年,历时九十年。现在成了全国著名的风景区,来这里旅游的人络绎不绝。

北宋神宗年间,乐山大佛这一带便游人众多。凌云寺周围形成了一个小集镇,商贩云集,市面繁荣。小街东侧有家小茶馆,常有茶客来品茶聊天。有位穷书生每天必到,跟着别人凑热闹,但他从不付茶钱。这天,店主终于忍不住了,先敬了他一杯茶,说:"先生,你每日光临小店,占了座位,喝了茶水,理应赏我两个小钱,可你一文不给。今日我有一联,你若能对出下联,我对你另眼看待,分文不取,欢迎光顾。若你对不出,今后请别再到小店涮茶喝了。"

穷书生抬头望了望他说:"请出上联。"

店主当着众多茶客,一字一句地说道:

小人家,小村夫,开小店,设小点,小本,小利,小小气气,小、小、小……

书生听罢,抓耳挠腮,想了半天也没对出下联,他低着头,满脸通红地走了,从此再没到茶馆来过。有人说曾在凌云寺看到过他,好像已出家当了和尚。茶馆老板听了,唏嘘不已,后悔不该叫他对下联。

日月如梭,一晃二十多年过去。茶馆店主已成了老翁,店面已交给儿子打理。一日,老店主在门口晒太阳,只见一位年已半百的和尚来化缘。他自称来自扬州大明寺,三十年前欠店主一份情和一副下联。说罢,他展开一卷条幅:

大明寺,大和尚,击大鼓,撞大钟,大慈,大悲,大大方方,大、大、大……

老店主一下想起来了,这就是当年喝茶不给钱的穷书生啊。和尚丢下条幅,还留下二十两银子,说这是上山采药卖得的一些钱,请店主笑纳。说罢合掌致礼,转身而去。

一字一世界

太阳升高了——晓

xiǎo
晓

晓 金文

曉 小篆

曉 隶书

晓 楷书

　　小篆的"晓"字是个左右结构的会意字兼形声字。

　　左边的"日"，表示这个字与"太阳"有关。右边的"尧"是声符，兼表达意思。

　　这右边的"尧"表达的是什么意思呢？繁体字写作"堯"，读"yáo"。在甲骨文中，像一个人头上顶着高高的器物。小篆中是个会意字，上面三个"土"，表示土堆一层层加高，下面是个搭起来的高台，整个意思就是"高"，兼有"高升"的意思。

　　"日"与"尧"组合在一起，就是太阳升高了，天亮了，大地一片光明，所以"晓"的本义是"明"。

　　天色明亮了，就是"天明了"，也包含"天刚亮"，如：拂晓、破晓、雄鸡报晓、晓行夜宿、春眠不觉晓。

　　天明了，看得清了，终于明白了，所以"晓"有"知道、通晓"的意思，如：家喻户晓、晓得、知晓。

　　既然知道了，进一步也就含有"使人知道、告诉"的意思，如：晓之以理、晓以利害、揭晓、晓以大义。

汉《石门颂》　　汉《石门颂》

《隶辨》

读儿歌辨字义——晓

苏北阜宁县有个小镇名叫杨集。杨集小学有位教语文的杨老师，他教学生识字有一套方法。他会把难写难认的字编成故事，讲给学生听，使他们听得懂、记得住。有些字笔画相近、字形相似，容易混淆，他就编成歌谣让大家唱，使小学生在欢声笑语中懂了词义，分清了它们之间的区别。

最近，杨老师又创作了首"绕"字歌，孩子们唱得正欢呢。

公鸡喔喔来报晓（xiǎo），
妈妈忙把早饭烧（shāo），
爸爸菜园把水浇（jiāo），
奶奶双手线团绕（rào），
爷爷伸手痒痒挠（náo），
外公划船拿起桡（ráo），
家乡美丽称妖娆（ráo），
丰衣足食真富饶（ráo），
侥（jiǎo）幸的"侥"字忘不了。

这首"绕"字歌，一共九句，有情有景，讲了农村小院早晨的生活情景，同时嵌了九个字形相似的字，说出了各自不同的读音和词义，读来生动有趣、过目不忘。

[瓦当欣赏]

秦汉画像瓦当

一字一世界

十分相似的肖像画

xiāo
肖

金文
小篆
隶书
楷书

"肖"字是个上下结构的形声字兼会意字。下面的"月"字是形符，这"月"字当"肉"字讲，表示与"骨肉"有关。上面的"小"字作声符兼表意。

"肖"字的本义指"十分相似，很像"。因为"月"字有"骨肉"之义，所以在这儿指"骨肉相似"。声符"小"有"细微、细小"之义。而骨肉相似，一般指母女或父子相似，这种相似往往是微小的，不可能完全相似，所以"肖"用"小"作声符并会意。楷书的字形是由小篆演变而来的。

"肖"字是个多音字。读作"xiào"时，指"相似"。如以某一个人为主体的画像或照片，背后没什么风景杂物作陪衬的相片称之为"肖像"；描绘具体人物形象的画称为"肖像画"；公民对自己的肖像所拥有的不受侵犯的权利，即未经本人许可，他人不得以营利为目的使用自己的肖像，这就称为"肖像权"。

成语"不肖子孙"中的"不肖"二字，指"不像"，即"不像前辈"，指"不能继承先辈事业或违背先辈遗志的后代"。

酷肖、逼肖、惟妙惟肖，都是形容"极像、非常逼真"的意思。

当"肖"字读作"xiāo"时，作姓氏用。

"弗肖"与"弗笑"

在语言修辞学上,"双关"是常用的手法。如唐代诗人刘禹锡《竹枝词》中的"东边日出西边雨,道是无晴却有晴"一句,妙在"阴晴"的"晴"与"爱情"的"情"形成双关语。

还有一种修辞手法与双关相反,虽说也是利用汉字的谐音来启发人们的联想,但这种手法是借助语言的急转弯,故意利用同音字来造成人的思维眩晕惑或警惕,把阅读者引入另外一个语境,造成"似是而非"的艺术效果。如有人说"我对此不感兴趣",若说成"不敢兴趣","敢"与"感"同音,但表达的意思就大不一样了。又如:不会读书,书如干草;会读书,书如甘草。"干"、"甘"同音,意思亦不一样。

古代有许多对联,常用这种急转弯手法:

蔺相如,司马相如,名相如,实不相如;
魏无忌,长孙无忌,彼无忌,此亦无忌。

这里巧用了"相如"及"无忌"的一词多义。
又如一副名联:

风吹豆角,豆角与豆角斗决;
水冲石头,石头向石头拾头。

这句巧用了"豆角"与"斗决"、"石头"与"拾头"的同音异义,起到了意想不到的效果。

还有一幅为人们所熟知的对联:

童子敲桐子,桐子不落,童子不乐;
美人做米人,米人弗肖,美人弗笑。

这里利用"童"与"桐"、"落"与"乐"、"美"与"米"、"肖"与"笑"四组字谐音,制造了两种语言急转弯的截然不同的语境。特别是"美人动手做米人糕,做得不像,美人不笑",它将"肖"字的词义把握得很准确,又跟"笑"字谐音,成了这副对联的亮点。

子女侍奉父母——孝

古代的"孝"字,是个左上包围结构的形声字兼会意字。左上方是"老"字简省的写法,作声符,读"lǎo",右下方的"子"字作形符,表示跟"子女"有关。这两个字形组合在一起,指"子女尽心尽意地侍奉父母"。因指子女侍奉父母,所以"孝"字以"子"字作形符。

古人为什么用"老"字作"孝"字的声符呢?"老"字在甲骨文中是个象形字,字形像一个长头发、面朝右、拄着拐杖、弓着背的老人的样子,指"年岁大"。年岁大的人需要别人照顾,而"孝"字指"子女侍奉父母",所以"孝"字用"老"字作声符并会意。

篆文的"孝"字由金文演变而来,隶变后写作"孝"。

"孝"字的本义指"尽心尽力地供养父母",如:对长辈孝顺恭敬,或把物品献给尊长称"孝敬";顺从父母的意愿,并对父母尽心奉养称"孝顺";孝顺父母的人称"孝子";奉养父母的准则称"孝道";孝顺的心意称"孝心";孝顺有德行的子孙后辈称"孝子贤孙"。孝女、忠孝、至孝等,都指"子女对父母长辈尽心尽意地供养和敬重"。

"孝"字由本义假借指"与丧事有关的事物",如:孝服、守孝、披麻戴孝等。

"孝"字也作姓氏用。

社会学家讲"孝道"

无锡梁溪谜语研究会的市民讲座,上次秦女士讲了有关"夫妻"的话题,颇受好评。今天她主讲"孝道",重点讲"孝"字。

在座的有老年朋友,也有年轻朋友。尊敬父母的叫年轻人"孝子"。而非但不赡养父母,反而依赖父母的那些人,被人称为"啃老族"。

古代的"孝"字,表述得非常清楚,上面是位弯腰驼背的老人,将手搭在一个孩子的头上,孩子用头扶持着老人行走。这孩子就是孝子,这便是会意字"孝"字。

中国人"孝"的观念,是与"孝"字同时产生的。早在西周时期的金文、《诗经》等文献中,就已出现不少有关"孝"的事例的记载。古时"孝"的内容有两个,一是对活着的父母的孝,二是对已故的父母及祖先的孝。对在世的父母奉养、尊敬、服从谓之"孝";对去世的父母及祖先敬孝称为"追孝"。孔子要求学生把孝敬父母、尊重兄长的道德修养放在学业首位。孔子的学生曾子写的《孝经》提出不但要孝父母,而且要孝天下。"孝"字不以"父"为首,而以"志"为头,就是"孝天下"的意思。他们的这种观念,对后世产生了深远的影响,成为中华民族的传统美德。到了汉代,"孝道"备受重视。朝廷任命官员,先由各地将那些孝敬父母、为人正直的人推举为"孝廉"。"廉"指"廉洁正直",只有这样的人,方可任官。《孝子传》中的老莱子,为使父母欢笑,自己虽年已七十,仍穿花衣,作婴儿状,挑水在堂前故意跌倒,卧地哭泣,引父母开怀大笑。还有董永卖身葬父、木兰代父从军等,都是流传千古的孝行故事。

为了弘扬孝行的品德,前人编写的故事中,还包括不少动物故事。如《乌鸦反哺》中把乌鸦称为"孝鸟",《羔羊跪乳》中把小羊羔塑造成懂得感恩的形象。这些本是自然现象或是动物的本能,但都被我们的祖先用作教育人行孝的教材。

"孝"音通"效","效"即"仿效"。子女对父母长辈的孝道,主要体现在仿效前辈的优良品质上。把这些传统美德一代一代地传下去,也体现了我们所说的"孝道"。

像竹子前仰后合——笑

xiào
笑

金文

小篆

笑
隶书

笑
楷书

小篆的"笑"字是一个上下结构的会意字。上面的部分是竹叶的形状，表示"竹子"。下面的"夭"是一个象形字。像什么？仔细看看，就像一个人两臂摇晃的样子。也有人认为，这"夭"字有"弯曲"的意思，所以说它像人笑时前仰后合的样子。

两形会意，"笑"的本义就表示"竹子在风中摇摆，就像人高兴的时候身子左右摇摆、前仰后合的样子"。这个姿势，就是"笑"的神态。竹子摇摆的同时，还会发"沙沙"的响声，如同人的笑声。这样，"笑"的动作与声音就与竹子更密切了。

也有人说，下面的"夭"字是"犬"字，表示"犬"见到主人欢快跳跃的样子，与"竹子"相组合，表示"欢笑"。此说恐有些牵强，近似于"戏说"了。

在现代汉语里，"笑"字的本义基本上没有变，指"表露出愉快的表情，发出快乐的声音"，如：哈哈大笑、笑眯眯、笑嘻嘻。

"笑"字也可以作为形容词，如：笑话、笑料、笑谈。

有一种人外表很善良，内心却十分凶狠，我们称之为"笑面虎"。

带"笑"字的成语很多，如：笑容可掬、笑逐颜开、笑里藏刀。

"笑"字也有"讥笑、嘲笑"的意思，还有"冷笑、阴笑、苦笑、耻笑、奸笑"等不同的笑容。

"犬"字头上加竹——笑

北宋皇帝宋徽宗崇尚道教,大小官员,都兼领道教封号,而道士却兼领皇家官职。于是,许多道士狗仗人势,气焰十分嚣张。

一天,有个道士有事求见校尉陈之柔,进门后便大大咧咧地往上首一坐,一副不可一世的模样。陈之柔心中不由大怒,呵斥道:"僧道不能压俗人,请你坐到下首去。"

陈之柔的一位门客见道士满脸不高兴,便想缓和一下气氛,指着道士头戴的竹冠搭讪道:"此冠做工精良,不知叫什么名字?"

没等道士说话,陈之柔抢先开了口:"我知道,此冠是竹制的,叫'笑冠'。"

门客先是一怔,随即大笑起来。道士被他笑得莫名其妙,再也坐不住了,只得起身告辞。

回到道观,道士把这件事告诉了徒弟。这徒弟很聪明,略一沉思,说:"哎呀,这陈之柔是在骂你呢!'笑'字拆开为犬上加竹,他分明在骂你是狗呀!"

举鞭教子照样学——效

xiào
效

甲骨文

金文

小篆

效 隶书

效 楷书

　　小篆的"效"字是个左右结构的形声字兼会意字。右边的"攵"字作形符，表示跟击打之类的动作有关。"效"字左边的"交"字读"jiāo"，作声符并会意。

　　"交"字与"攵"字组合，指"用手举着鞭棍教育子女照着样子学。"

　　"攵"字是"攴"字的偏旁写法。"攴"字读"pū"或"pō"，在甲骨文中是个会意字。下面是个"又"字，表示"手"。上面一短竖，像手持刑杖、棍棒的样子，表示"击打"。隶变后的楷书写作"攴"，作偏旁时有的写作"攵"。本义为"小击也"，指"轻轻地击打"，不是死命地打。用在这儿表示"用鞭子、戒尺之类教育子女，连吓带打地拍几下而已"。所以古人用"攴"字作"效"字的形符以表"教育"之义。

　　古人为什么用"交"字作"效"字的声符呢？

　　在甲骨文中，"交"字是个象形字，像一个人两腿交叉、盘腿而坐的样子。这个人形在这儿指"子弟"，与"攴"相合，就是指"长辈举鞭教育子女照着样子学"。教子女懂得站有站相，坐有坐姿，要合乎礼仪和规矩。所以古人用"交"字作"效"字的声符并会意。

　　楷书的字形由小篆演变而来，写作"效"。"效"字的本义指"摹仿、仿效"。如：学习别人的方法去运作称"效法"；模仿、效法称"效仿"；学习效法也称"效尤"。"效"字由本义引申指"功效、效果"，如：效能、效益、成效、见效、疗效、失效、特效、无效、有效、奏效。由上义引申指"尽力、献出"，如：效力、效命、效劳、效忠、效死等。

"效"忠朝廷缺文才

清朝大画家、书法家、诗人郑板桥,是乾隆进士,曾在山东潍县任知县。因其书画出名,不少人向他求画求字。时任莱州知府的孙嘉新也派家人来向他求字。郑板桥知道,这孙嘉新是个搜刮百姓钱财的大贪官,他的四品顶戴是用千两黄金捐来的。郑板桥对他十分厌恶,今日见他派人来求字,便想借此机会戏弄他一下,以一吐胸中恶气。当即书赠对联一副:

交忠朝廷;
因受百姓。
横批:前程金修。

孙嘉新得到郑板桥墨宝,喜不自胜,忙着让人裱装好,高挂在客厅里。这孙知府粗通文墨,只是识得几个大字而已。他盯着对联看了许久,不明白是何意思。但横批"前程金修"四字倒也明白,似乎说的是"锦绣前程"之类的好话。

正当孙嘉新得意地欣赏这副对联时,家中账房先生看出了门道,连忙叫孙嘉新快快取下,别传出去惹人笑话。孙嘉新问其缘由,账房先生给他背了段莱州城流行的童谣:

可笑莱州孙嘉新,
四品前程耗千金。
效忠朝廷少文才,
恩爱(愛)百姓缺两(良)心。

孙嘉新还是不明所以。账房先生一番解释后,差点把孙嘉新气得昏厥过去。

xié
协

甲骨文

金文

小篆

協
隶书

协
楷书

共同合作　齐心协力

　　金文的"协"字是个会意字，由三个"人"字合为"众"字，加上"口"字组成。一人为私，二人为公，三人为众，众人同口，表示"共同合作"的意思。

　　"协"字的繁体字写作"協"，这是个会意字。由表示众多的"十"，和表示"把许多股力量合成一股力量"的"劦"字组成。这"劦"字读作"xié"。"劦"与"协"在甲骨文中本是一个字，在小篆中才分成两个字。

　　甲骨文的"劦"字像三个"耒（lěi）"并列在一起的样子。这"耒"是耕田的工具，用在这儿表示"很多人一同耕作"。金文的"协"字，上面是三个"力"字，下面是一个"口"字，表示"很多的人在一起合力同声"。后来，这个字下半部的"口"字在小篆中变成了"十"字旁。

　　"协"的本义指"许多人协力合作"，如：协同、协商、协定、协会、政协、协约。

　　"协"字有"调和、和谐"的意思，如：协调、协和。

　　"协"字由本义假借指"帮助、辅助"的意思，如：协办、协理、协助、协理员。

　　"协"字，也是个姓氏。

［瓦当欣赏］

战国画像瓦当

168

协作会上说"协"字

春节，是中国人的传统节日。春节期间，家人团聚，人们探亲访友，外出旅游。坐火车的、乘汽车的、乘飞机的有数亿人次，车站码头，人如潮涌，这就形成了春运高潮。

江东市地处交通要道，南来北往的旅客每日达三十万人。要使三十万人吃好住好及时走了，可不是件容易事。春运前一个月，就由市长万方牵头，成立春运协作小组，统一指挥春运工作。

第一次会议在市政府大会议室举行，铁路局、民航局、公路局、航运局、交通局、公安局、民政局、商业局、卫生局、城市管理局……共有几十个单位的近百位领导参加。

万市长见人都到齐了，他扭转头，指指身后"春运协作会议"的横幅会标说："今儿一大早，我就在琢磨'春运协作会议'这六个字，其中最有讲究的是这个'协'字。"

万市长坐下，侃侃而谈："这'协'字左边是'十'字，右边是'办'字，它告诉我们要办的事十分紧迫、十分重要。这就是这次协作会议的重要性。"

大家一听，会心地笑了。万市长接着说："我们一定要把这件事办得十分圆满，办得十分成功。这就是我们的目标。"

台下又是一片笑声。万市长站起来，挥挥手臂说："要办成十分成功的事，就需要我们花十二分力气。"说到这儿，他指指"协"字说："喏，左边是'十'，右边是'力'字加左右两点。不花这十二分力气，春运工作就很难搞好。"

听着万市长的话，各部门的领导都认真思考起来。

歪斜不正——邪

xié
邪

小篆

邪 隶书

邪 楷书

小篆的"邪"字是个左右结构的形声字。左边的"牙"字作声符,右边的"邑"字作形符。"邑"字读"yì",指"人聚居的地方",本义指"城镇"。这个字用"双耳旁"代替写作"邪"。这个"邪"就是指古代郡名——琅琊,在今日山东省胶南县琅琊台西北一带。因"邑"是"人们居住的城邑",所以"邪"字从"邑"。隶变后,楷书写作"邪"。

"邪"字由古都名借代指"古代人穿在身上的长袍衣襟斜掩",引申指"歪斜不正",后来又引申指"邪恶",也指"邪恶之人"。如:不正当的生活道路称"邪道";心术不正、行为凶恶称为"邪恶";妖魔鬼怪也称"邪魔";不正当的念头称"邪念";不正当的风气或作风称"歪风邪气";有严重危害性的不正确的言论或主张称"邪说";不正当的行为称为"邪行"。

"邪"字还假借指"中医说的引起疾病的环境因素",如:邪风、风邪、瘟邪等。

当"邪"字读作"yé"时,还假借指古代的著名宝剑"莫邪"。

正月不买鞋——邪

俗话说："入境问俗。"不仅如此，还要"入乡随俗"呢。

却说上海姑娘玲玲，嫁给了天津小伙张阳，两人在大年夜赶到天津，一则全家团圆，二则让玲玲拜望公婆，尽尽孝心。

年初一，全家高高兴兴来到繁华闹市的劝业场。这儿店铺林立，货物齐全，看得玲玲眼花缭乱，她走进鞋城，仿佛走进了鞋子的世界。奇怪的是这儿顾客不多，即便是在场的，也是看的多，买的少。玲玲正想买双走路轻便的皮鞋，也想给公婆各买一双当礼物表孝心。她看中几双，刚掏钱想买，只见婆婆赶来，急匆匆地将她拉走，不让她买。玲玲以为婆婆怕她花钱才不让买的。后来趁她不注意，又赶到柜台准备买，婆婆远处见了，又风风火火赶来，将她拖走，还颇有些生气地说："正月不买鞋，哪有大年初一一大早来买鞋的！"

玲玲有些委屈，低声问张阳："我好心给你妈买鞋，她怎么生气了？"

张阳一拍脑门，说："哎呀，我只顾跟爸爸看衣服，忘了告诉你。天津人说'正月不买鞋'，是因为'鞋'字的读音跟'邪恶'的'邪'字相同，哪有大过年的把'邪恶'买回家呢？所以正月不买鞋！"

玲玲嘀咕道："哪有这样的话！外地人正月买鞋都倒霉了？"

张阳小声说："你看，买鞋的大多是外地人啊，他们没有入境问俗，你就入乡随俗吧。"

玲玲不满地说："'鞋'字的读音跟'和谐'的'谐'字也相同啊，大过年的买个'和谐'回家不也好吗？"

张阳劝道："别咬文嚼字了，爸妈在喊我们！"

其实，玲玲讲的一点儿也不错。大学者钱钟书先生在《管锥篇》中有考证：古时"鞋"音与"谐"同，"鞋"被视为吉祥物，故有"合欢鞋"之称。如今天津人"正月不买鞋"，是因"鞋"音同"邪"，这就是南北异俗，所以要"入境问俗，入乡随俗"啊。

用斗舀出——斜

xié
斜

古代的"斜"字是个左右结构的形声字，左边的"余"字是声符，读"yú"。"斜"字在远古时代也许读"yú"音，而今天，我们只能读作"xié"了。

"斜"字右边的"斗"字是形符，"斗"字表示与"量器"有关，特指"用斗取出来，倒出去"。"斜"字的本义指"将液体舀出来，歪过去倒出来"。

"斜"字由"倾斜倒出去"这一本义，引申指"向偏离正中或正前方向移动"，或指"跟平面或直线既不平行，也不垂直"，如：斜线、斜面、斜坡、斜拉桥、斜塔、斜射。

"斜"字也指"倾倒"或"曲折地向前延伸"，如：倾斜。

"斜路"指"错误的道路或途径"。

"斜阳"指"傍晚的日光"。

"斜"字也作姓氏用。

斜 小篆

斜 隶书

斜 楷书

明·黄道周

明·王铎《拟山园帖》

"余"斗成"斜"

明朝成化年间，朝廷有位性情刚直的官员，名叫陈俊。

陈俊因多次指责一些权贵的违法行为，遭人忌恨。这些人在皇帝面前说他坏话，皇帝听信谗言，将他贬到甘肃当个小县令。

陈俊离京前，他的好友高长青和苏子兴为他送行。在这饯别酒席上，三人都很伤感，便以行酒令抒发心中之不平。

高长青是性情中人，他见好友遭此不公，即将远行，凶吉难卜，不禁潸然泪下。他以竹筷敲击酒杯，吟道："'轟'字三个车，余斗字成'斜'，车车车，远上寒山石径斜。"

苏子兴随声应道："'品'字三个口，水酉字成'酒'，口口口，劝君更进一杯酒。"

陈俊见两位老友流露出惜别之情，不觉既悲凉又愤恨，他一手击案，一字一句吟道："'矗'字三个直，黑出字成'黜'，直直直，焉往而不三黜！"

在这一句中，"矗"字读"chù"，指直立高耸。"黜"字读"chù"，表示"罢免、革除"，如：黜免、黜退，都表示"罢免官职"。

陈俊以一连串的"直直直"，流露了对朝廷罢免自己的不满和对小人陷害自己的愤恨。

这三首是不可多得的折字酒令，每句令辞都符合吟唱者的身份和口吻。"远上寒山石径斜"，暗喻被贬远方外地；"劝君更进一杯酒"，借古人诗句劝酒惜别；"焉往而不三黜"既道出了人生感悟，又是发自内心的愤懑。

意见相同很和谐

xié 谐

金文
小篆
隶书
楷书

小篆的"谐"字是个会意字兼形声字。以"言"和"皆"作形符,"皆"作声符。

"谐"字为什么用"皆"作形符又兼声符?这就要先谈谈"皆"字。

"皆"字是个会意字,由"比"和"白"组成。"比"像两个反写的"人"字,并排坐在一起,表示"众人"。"白",是"表白",也就是"说话"。两者组合,就是"众人所说的是一样的"。

"谐"的本义是指"同"或"都",是在"皆"字左边另加了个"言字旁"。大家知道,"言"也就是"发言、说话"的意思。"言""皆"组合,也就是"意见相同,所说的一样,这样才能把事情办好"。本义是"协调得好,配合得好",如:谐调、谐言、谐和、和谐。

既然事情协调得好,配合得好,那就指事情容易办得成,所以"谐"也指"事情办妥、办好",如:事谐之后,我来谢你。

由于事情办成,皆大欢喜,"谐"字也就有"喜庆欢乐"的意思,表示"说话有趣",这就是"诙谐",如:谐谑、谐美、谐戏、亦庄亦谐。

[瓦当欣赏]

战国画像瓦当

人人都可以说话——谐

南京红星家具厂，因为经营不善，被竞争对手同心家具厂兼并了。红星家具厂的管理人员都到同心家具厂办公大楼上班，许多中层干部要接受同心家具厂经理的领导。刚开始还处于磨合期，两个厂的人员在一起，总免不了磕磕绊绊，闹点儿矛盾。总经理罗志武看在眼里，记在心上。他想，要使公司发展壮大，还须在"和谐"二字上下工夫。

这天，开部门经理会议。原红星家具厂的几名干部，提出了几条意见。这些意见，有合理的，也有值得商量的。年轻气盛的副总经理小胡听了这些，当场表示反对，说话的口气比较生硬，使在场的人都不敢讲话了。

总经理罗志武见此情景，站起来发言了。因为小胡曾是他的徒弟，老罗讲话就毫不客气。他问小胡："'和谐'的'谐'字你会写吗？写给我看看！"

小胡只好用手指在桌上写了个"谐"字。

老罗拍拍他的肩膀说："对啰。'言字旁'加'皆'字。'皆'字，我们常说'全民皆兵'，就是'都是兵'。'皆'就是'都'呀，用在'言'字旁边，也就是'人人都可以说话'嘛。今天这个会，人人畅所欲言，把话说出来，才能有个和谐的环境呀。人家才提出一些不同意见，你就不让人家说了，这就不对啦。只有把话讲出来，相互交流才能一致，这就是和谐呀。国家要建设和谐社会，得先从我们自身做起，今后大家要把这'和谐'的'谐'字记在心上。"

这席话，说得大家连连点头。小胡当场向刚刚发言的几位干部鞠躬致歉，他们还紧紧握手，表示友好亲密。

用手拉着——携

xié 携

小篆"携"字，是个左右结构的形声字兼会意字。左边的"手"字是形符，表示跟"手的动作"有关，右边的"隽"字在小篆中写作"巂"，读"xié"，为声符，也有人说是读作"guī"。两形合一，表示"用手拉着"，也有人说是"用手提着"。这只是细微差别罢了。

古人为什么用"巂"字作"携"字的声符呢？这"巂"字当中有个"隹"字，读"zhuī"，指"短尾巴鸟"。这"巂"字就是指"子规鸟"，也称"杜鹃鸟"。杜鹃鸟的叫声凄厉，听了能牵引起在外游子的思乡之情，所以"携"字取其"牵引"之义，以"巂"字作声符并会意。

也有人认为，之所以取"巂"字为声符，是因为鸟会向上飞，而"携"字有"向上提"的意思，所以用"巂"字作声符并会意。此说恐有不妥之处，哪只鸟不会向上飞呢？为什么一定要用"巂"字呢？

"攜"字曾有异体字，俗作"携"，如今以"携"作正体字。本义指"拉、带"，如：携手、携带、提携、扶老携幼、携家带口、携手并进。

携 小篆

携 隶书

携 楷书

上推下扔难成秀才——携

我们在一些民间故事里，常看到"秀才"二字。

明清两代，凡读书人，在没有通过考试取得生员资格前，不论年龄老少，都称为"童生"。只有经过本省各级考试，进入府、州、县的学者，才能成为"生员"，俗称"秀才"。这种考试叫"童试"，也叫"小考"、"小试"。只有考中秀才才能参加每三年一次、在省城举行的"乡试"，考取的称为"举人"。只有考中举人，才能取得参加中央一级的"会试"的资格，第一名称"解元"。会试每三年在京城举行一次，在乡试的第二年举行。各省的举人及国子监监生均可应考。录取三百名为"贡士"，第一名叫"会元"。最后，级别最高的是"殿试"，由皇帝亲自主持，考中第一名为"状元"，第二名为"榜眼"，第三名为"探花"，合称"三甲鼎"。二甲若干名，赐"进士"称号。

却说明朝末年，各地举行"童试"，也就是考生员、秀才的小试。开封城内有位名叫李中进的考生心中没底，就去找测字名家周亮工测个字，看能否考中。

周亮工让李中进从布袋里摸出个字，一看是个"携"字。他审视半晌，缓缓说道："这字看上去对你有利。左为'手'，右上为'隹'，右下为'乃'，有一股推举后起之秀之势，你有可能考中秀才……"

李中进正高兴，不料周亮工话锋一转，皱眉道："'携'字中的'推'字在上，压住'秀'字大半身，有力也使不上。再说，这'携'字虽有'提携帮衬'之义，但上边是'推'，下面是'扔'，都是一'手'造成。往上推，往下扔，反反复复，始终难成。"

李中进叹息道："祖父为我取名中进，就是希望我能考中进士啊。"

周亮工说："难哪！你看这'携'字，说它像'進'（进）字吧，又不全像，说它像'秀'字吧，又缺个头。你说它像'才'字吧，那'提手旁'又出了头。此番你连秀才都考不中，谈何进士？"

一番话，说得李中进灰溜溜地走了。

用兽皮制作的鞋

xié
鞋

从古至今，人们脚上穿的鞋子有好几种名称。上古时期的"鞋"叫"屦（jù）"。汉代以后，鞋子的名称叫"履（lǚ）"。

到了南北朝时期，盛行穿木屐（jī），这是一种木底鞋，底下有钉齿，防止滑倒，但这种鞋只能在家里穿。鞋的另一个称呼为"靴子、长筒靴"。

古代的"鞋"字是个左右结构的形声字。繁写的"鞋"字为"鞵"，左边是"革"，右边是读音。简化后，右边改成"圭"，"圭"字读"guī"，与"鞋"字的读音"xié"相去甚远，不如"奚"字靠得近。好在形声字的声旁十有七八是不准的，我们不必细究。

"革"表示"去毛加工过的兽皮"，这是制鞋的原料。"鞋"的本义就是指"用兽皮制作的鞋子"，泛指"鞋子"。

鞋的种类很多，有：皮鞋、布鞋、球鞋、拖鞋、凉鞋、旅游鞋、草鞋等。

与鞋相关的词有：鞋油、鞋店、鞋匠、鞋拔子、鞋底等。

鞵 小篆

鞋 隶书

鞋 楷书

元·赵雍《三希堂法帖》

明·宋璲《三希堂法帖》

猜谜结良缘——鞋

古人很重视识字教育，为了让人记住字的读音和意思，编出许多儿歌、字谜或相关的故事，引起学字人的兴趣。在民间文学中，就有很多字谜故事。

据说，清朝宣统年间，湖北有位穷秀才，到江南一户人家当教书先生。这天，他手摇一把破扇子，到村头散步，见一位年轻女子坐在门口纳鞋底。这女子恐怕已知道穷秀才的来历，看了他一眼，笑道："户羽石皮，湖北先生摇破扇。"

教书先生一听，知道这年轻女子说的是他。这位先生文采出众，看到这女子手中纳的鞋也不怎样齐整，歪头歪脑的，便回应道："革圭不正，江南女子纳歪鞋。"

这上联的"户"、"羽"指"扇"字，"石"、"皮"指"破"字，组合成教书先生手中的"破扇"。下联的"革"和"圭"组合成"鞋"字，"不"、"正"二字组合成"歪"字，指女子手中的"歪鞋"。两词上下对应，再加上前面的名称"湖北先生"对"江南女子"，后面的动作"摇"对"纳"，前后上下，对仗工整，可谓丝丝入扣，整齐一律，天衣无缝。

据说，后来这教书先生和青年女子经常一唱一和，吟诗作对，合作了好几首诗歌。就这样一来二去，日久生情，经人撮合，教书先生入赘女家，成了一桩美好姻缘。

一字一世界

将物移至屋下——写

xiě
写

古代的"写"字,是个上下结构的形声字兼会意字。小篆的"写"字写作"寫",上面的"宝盖头"是形符,表示"房屋",下面的"舃"字是声符,读"xī"。这两个字形组合在一起,指"将物体从别处移到屋下"。

古人为什么用"舃"字作"写"字的声符呢?有人认为,金文的"舃"字是个象形字,字形就像一只喜鹊扇动翅膀、张大嘴巴在"喳喳"叫的样子。喜鹊善叫,鸣叫时不断扇动翅膀,这是喜鹊的特点。隶变后,楷书写作"舃",这是"鹊"字的象形字。喜鹊还有个特点,它喜欢在树上造巢,喜欢把各种小物品衔回巢中。"寫"字用"舃"字作声符,就是用来表示"把物品从一处搬到另一处",所以"寫"字用"舃"字作声符并会意。

"写"字在隶变后的楷书里写作"寫",后简化为"写"。

"写"字的本义指"将物从别处移到屋下",后假借指"写字",如:抄写、复写、默写、拼写、缮写、手写、书写、誊写、听写、大写、小写。

"写"字由"写字"引申指"描写"。如描绘事物的真实情况叫"写实";写作的方法或写字的方法叫"写法";整理材料写成文章叫"编写";用语言文字对事物作具体的描绘称"描写"。"编写"、"特写"等都是这个意思。由此还引申指"绘画",如:写生、写意、速写。

寫 小篆
寫 隶书
写 楷书

180

"写"字与绘画

这天,无锡梁溪谜语研究会会长马汉文为锡山中学爱好书法的师生讲了一节课。

古代的"寫"字,说来很复杂。有人说,上面的"宝盖头"表示"房屋",下面的"舄"字读"xī",指"喜鹊"。这两个字形组合在一起,指"把东西从一个房间移放到另一个房间"。因为喜鹊喜欢把小物品衔到自己的窝里,所以用"舄"字来表示。

"寫"字的本义指"把东西转移到他处",后来引申指"运送"。后来又专门指"运送水",这就是"泻",如我们常说的"倾泻、倾注"。还引申指"吐露心声",也引申指"冲刷、消除",后来凡是同"倾泻"有关的意思都由"泻"字来承担。"写"字由"移置物体"引申出"模仿物体的形象",又引申泛指"摹拟、模仿",还引申指"描画、绘画"。由"模仿"再引申转指"抄写",最后引申指"书写"。到这时,才讲到"书法"。

绕了个大圈子,只讲到"写"字的一种说法。有人认为,古代"寫"字上面的"宝盖头"表示"在屋子里",当中的"臼(jiù)"字表示"学龄儿童",你看,还长着白齿呢。再往下的"勹(bāo)"字代表"手",最后四点代表"心"。这四个字形组合在一起,指"师长在屋子里手把手地教孩子练习写字"。大人用心教,孩子用心学,就像现在你们听我讲书法课一样。

"写"字既当"写字"讲,又当"绘画"讲,这里既有相同之处,又有区别。画是靠线条、色彩来表现的,而字是靠笔画和整个字的形态来表现的。

我小时候练习毛笔字,每写一个字,不是一点一捺一笔头,而是慢慢地描,还把字颠过来倒过去,就像画画一样,描绘得很仔细。后来被教语文的吴老师发现了,他说我这是画画,而不是写字。他手把手地教我,横平竖直,点、撇、捺一笔到位。他一边写,还一边说:"写字不光用手写,还要用心来写……"我爱上书法,便是从这一天开始的。几十年来,我每写一个字,都是用心来写的……

水满往外流——泄

xiè
泄

泄 小篆

泄 隶书

泄 楷书

　　小篆的"泄"字，是个左右结构的形声字兼会意字。左边的"水"字作形符，表示跟"水"有关。

　　右边的"世"字读"shì"，作声符并会意。

　　"世"字与"水"组合，指"水满了以后往外流"。因是指水满外流，所以古人用"水"作"泄"的形符。古人为什么用"世"字作"泄"字的声符呢？

　　金文的"世"字是个形声字兼会意字。字形是三个"十"字递相连接，每一竖上面有一点作指事，表示"延续三十年"。小篆将那一小点变为一短横，隶变后的楷书写作"世"。三十年为一世，也表示父子相继为一世，这样"世"字就引申指"人生"和"朝代"，也就有"延续"、"延长"和"引导"之义。而水满往外流，也有"蔓延引导"的意思，所以古人用"世"字作"泄"字的声符并会意。

　　楷书的字形由小篆演变而来，写作"泄"。

　　"泄"字的本义指"水往外溢出"，也泛指"液体、气体向外排出"。如：将洪水排出称"泄洪"；使水流走称"排泄"。

　　"泄"字由本义引申指"发泄"。如：发泄愤恨称"泄愤"，也称"泄恨"；吐露心中的苦闷称"渲泄"。

　　"泄"字由本义假借指"走露、松懈"。如：让人知道了不该知道的事称"泄露"；泄露机密称"泄密"。还有泄气、泄劲、泄底等词。

妙析"泄"字

南京有位奇人名叫郑可鉴，今年五十来岁，精明强干，能说会道。他学的是旅游专业，而最钟情的却是汉字研究。

他研究汉字可算到了痴迷的程度。他特别崇尚古代的测字术，认为古人对汉字的灵活运用和出神入化的拆解，为人们学习汉字、理解汉字作出了贡献。当然，这里必须剔除其迷信的成份。对此，他写了不少论文，但未见发表。

郑可鉴因口不离汉字，也喜欢为人测字，所以他成了朋友圈中的名人，也是最受欢迎的人。在一次饭桌上，有位女士想问自己的工作调动能否成功，郑可鉴叫她指定一个字才测得出。这位女士想了想说："我刚刚进饭店时，门口水泄不通，就测这个'泄'字吧。"

郑可鉴随手掏出笔和小本儿写了个"泄"字说："这'泄'字一边倒，分量全在'世'字上，其实关键还在'三点水'。先说'世'字。'世'字右边是'二十'，左边是'七'字，你今年二十七岁吧？"女士连连点头。

郑可鉴又说："'世'字左边一个'十'字，这是'红十字'符号，被用来当做医院符号了。这个'十'字下面拖过来一横如同医院的大院子，看来你是在医院工作吧？"

女士点头称是。郑可鉴说："'世'字右边两个小'十'字，下面有一短横，表示你在这儿不顺，对吧？"

女士点头称是："我想调到另一个科室去。还不知人家肯不肯要呢！"

这位女士边说边为郑可鉴斟茶。郑可鉴悄悄告诉她："放心，泌尿科没人肯去！"这位女士大为惊讶："你怎么晓得我要去？"

郑可鉴摆摆手："不稀奇。你看这'泄'字左边'三点水'，不是泌尿科还会是什么？"

众人被他说得目瞪口呆。一位好友悄悄问道："老兄，你怎么如此料事如神？"郑可鉴低声说："这位女士眼拙。我昨天下午在她那儿挂水，她今天就不认识我了。"

用言语诚恳**谢**罪

xiè 谢

甲骨文
金文
小篆
隶书
楷书
谢

　　古代的"谢"字是个左右结构的形声字兼会意字。左边是"言"字，表示这个字与"言语、说话"有关；右边是"射"字，表示读音。简体字只是将"言"字作了简化。

　　"谢"字的本义是"认错、道歉"，如：谢过、谢罪。

　　认错、道歉除了行动，更重要的是用言语准确地表达自己请罪的心情。这种心情必须是诚恳的，而不是敷衍的。怎样来表达这种诚恳的心情呢？这就要说到声符"射"字了。

　　"射"字在甲骨文中是个象形字，就像箭搭在弓上的形状。小篆是由"矢"（也就是箭）和"身"（由弓变化而来）这两个字组成。本义是"开弓放箭"。有"放出、喷射出来"的意思，而且要力求射得准。

　　弄明白"射"字的含义，我们再来看"谢"字。试想，一个人在深表歉意时，语气急促，讲话连贯，用词准确，这就是态度诚恳，这就容易得到别人的谅解，这就是真正的"谢"。所以古人用"射"字作声符兼会意，更加深了"谢"字的内涵。

　　"谢"有"推辞、拒绝"的意思，如：辞谢、谢客、谢绝。

　　"谢"还有"凋落、衰退"的意思，如：凋谢、花谢、新陈代谢。

　　"谢"有"感激"的意思，如：感谢、道谢、致谢、酬谢、鸣谢。

　　"谢"有"离开"的意思，如：谢世。

　　"谢"字也作姓氏用。

身在讨论之中——谢

有一天,皇帝宋徽宗在和他所信任的拆字大师谢石闲聊时说,城西有一个道姑,对测字也很在行。

谢石听了,不相信世上在测字这行当上,还有能超过自己的人,就请求宋徽宗把这道姑请来见见。

道姑来了后,谢石写了一个"谢"字,让道姑测测自己是干什么的。

道姑说:"'謝'字可以拆为'言'、'身'、'寸'。'言寸'为'討',这是'讨论'之'讨'。当中有个'身'字,正所谓'身'在'讨'论之中,所以你不过是个耍嘴皮子的。"

谢石听了,暗暗吃惊,心里忍不住说:"山外有山,天外有天,世上比我强的人还有很多啊。"

甲壳类节肢动物——蟹

xiè
蟹

小篆

蟹 隶书

蟹 楷书

小篆的"蟹"字是个左右结构的形声字。左边的"虫"字是形符，表示跟"虫类"有关。古代将"虫"字泛指"动物"，就连老虎也称"大虫"，蛇称"长虫"。

"蟹"字右边的"解"字读"xiè"，作声符。

"虫"字与"解"字组合，指"一种有八只脚两只螯的甲壳类节肢动物"。

楷书的字体由小篆演变而来，写作"蟹"，变成了一个上下结构的形声字。上面的"解"字为声符，下面的"虫"字作形符，表示与"动物"有关。

蟹字的本义指"螃蟹"。

螃蟹大致可分为河蟹和海蟹。

螃蟹可制成美味，最为人们津津乐道的是"蟹粉"，这是用来做菜或馅儿的蟹黄和蟹肉，如：蟹粉狮子头。

"蟹黄"是螃蟹体内的卵巢和消化腺，橘黄色，其味鲜美。如：蟹黄包子。

"蟹青"作形容词用，指"像螃蟹壳那样灰而发青的颜色"。

"蟹獴"是一种哺乳动物，生活在水边，体长半米左右，毛灰色、棕色、黑色相间。它善游泳，以鱼、虾、蟹、蛙等为食，多见于我国南方各省区和南亚地区。

龟圆鳖扁"蟹"无头

大家都知道，我国四大名著之一的《水浒传》的作者是施耐庵。他是元末明初的进士，曾在杭州做过两年官，官场勾心斗角，尔虞我诈，施耐庵不胜其烦，便辞官还乡，潜心写作了。

施耐庵的家乡是江苏兴化，兴化地处里下河水乡，这儿河流纵横，湖港密布，出门就得过桥乘船。施耐庵为把水泊梁山的水色写活，常到城外一位老渔夫家作客。与其谈古论今，顺便体验水乡水及水乡人的习性。

施耐庵每次到访，老渔夫都以米酒和鱼虾款待。这次老渔夫做了充分准备，端上一盘大螃蟹，还有红烧龟肉和甲鱼汤。这些美味，吃得施耐庵齿颊生香，赞不绝口。老渔翁指着桌上的螃蟹、乌龟肉、甲鱼汤说："老朽今日这三样河鲜，可得一上联，望施先生请出下联？"

施耐庵回应道："老先生，请出上联。"

老渔翁用手在桌上画了个圈，吟道：

满席有足，龟圆鳖扁蟹无头。

上联首句写出桌上三样河鲜的共性：都有脚，且多达四个乃至八个。接着细说，乌龟是呈圆形的；甲鱼也称"鳖"，是扁平的；螃蟹是只有腿脚和身子，没有头。要对出下联颇不易。

施耐庵一时对不出下联。老渔翁劝道："我这上联也是琢磨了半天才想出来的，待你想好了再来吧。"说吧，递给他一个鱼篓，里面装着泥鳅、黄鳝和一条大鲶鱼，让他回去慢慢吃。

施耐庵将鱼篓放在船头告别渔翁划船回去了。划着划着，他忍不住看了看鱼篓里的三种鱼，一下子对出了下联：

一串无鳞，鳅短鳝长鲶瘪嘴。

这三种鱼的共同特点都是滑溜溜的无鳞鱼。泥鳅短小，黄鳝细而长，大头鲶鱼嘴巴大而瘪，这与上联一一对仗啊。

施耐庵想罢，调转船头，向老渔翁家划去。

人的心脏

xīn
心

甲骨文

金文

小篆

心
隶书

心
楷书

　　"心"是一个象形字。在甲骨文里，我们可以很明显地看出是这人的心脏的形状。从金文到小篆，"心"的字形逐渐有了变化，开始慢慢地接近现在的"心"字的写法。"心"的本义是指"心脏"。

　　"心"是人和高等动物身体内推动血液循环的器官，可见"心"对人和动物一样，都是极其重要的一个器官。人的心脏在胸腔的中部稍微偏左的地方，是圆锥形的，大小和人的拳头差不多。

　　由于"心"处于人的中心位置，而且"心"在人的各种器官中起着极为重要的作用，所以和"心"字有关的词大都表示"重要的位置"，如：中心、重心、核心。而"江心"、"掌心"都是根据人的心脏所处的位置来表示"江或手掌的中心位置"的。

　　"心"也用来表示"思想、器官和意志等"，如：独具匠心、心急火燎。在部队，要稳定"军心"；在国家，要安定"民心"。

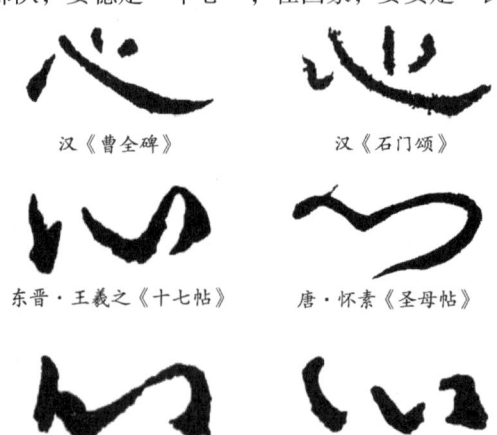

汉《曹全碑》　　汉《石门颂》

东晋·王羲之《十七帖》　　唐·怀素《圣母帖》

唐·欧阳询《草书千字文》　　唐·颜真卿《争座位稿》

一钩残月带三星——心

关于"心"字,有一则"一钩残月带三星"的故事。

民间传说,唐朝节度使安禄山谋反前,曾深受皇帝唐玄宗的信任。据说安禄山这个人身体特别肥胖,但这并不影响唐玄宗对他的关心和喜欢。

一天,安禄山前往皇宫拜见玄宗皇帝。玄宗皇帝见他的身体又肥胖了许多,便开玩笑地说:"爱卿,你的腹部如此肥大,里面到底装了些什么?"

安禄山回答道:"臣腹内别无他物,唯有一钩残月带三星——一颗忠于皇上的赤心啊!"

"心"字那弯弯的像钩一样的形状,跟残月相似,上面的三个点则形如"三星"。安禄山的这番形容真是再巧妙不过了,玄宗皇帝听后果然大喜,重重奖赏了他。谁能料到他后来会谋反呢?

尖端锐利的刑刀——辛

xīn
辛

甲骨文
金文
小篆
隶书
楷书

对"辛"字的字形，人们有好几种解释。

有人认为，金文和小篆的"辛"字是个象形字，像刑刀的样子。它一头是个柄，可用手握；两边有叉，可切割；尖端锐利可刺，是用来在有罪的人和俘虏脸上刺字的刀具。本义就是"刑刀"。

也有人认为，甲骨文、金文和小篆的"辛"字是个象形字，但不是刀的形状，而是木柴或树枝的形状。远古时代，奴隶或罪人是不许戴帽子的，只能把树枝或草茎缠在头上，所以头顶"辛"就是"罪人"。因为古代的"辛"是"薪"的本字，像木柴，头顶"辛"也就是"头顶木柴的罪人"。

还有人认为，甲骨文的"辛"字用两个树杈捆扎而成，是捕捉俘虏和押运罪人的工具，类似于"枷"这样的刑具。从这个意义上讲，"辛"的本义也是"罪"。

"辛"既然是刑刀或枷，一旦被套到脖子上，或在脸上刺了字，厄运就降临了，痛苦随之而产生，所以"辛"主要表示"悲伤"，如：辛酸、悲辛、酸辛。

"辛"也表示"劳苦"，如：辛苦、辛劳、辛勤、艰辛。

"辛"表示"辣味"，如：辛辣。

"辛"是天干的第八位，也用作顺序的"第八"。

"辛"是一个姓。

六十一上人——辛

辛弃疾（1140—1207），南宋词人，号稼轩，历城人，即今天的山东济南人。

辛弃疾出生时，山东已为金兵所占，他在沦陷区度过了青少年时代。他在二十一岁时，参加抗金义军，图谋收复失地，但这支队伍被金兵打败，他率领剩下的义军投奔南宋朝廷，后来曾在湖北、湖南、江西等地担任安抚使等职。他在为官期间，训练军队，奖励耕战，打击贪污豪强，为百姓做了不少好事。

辛弃疾不仅是位政治家，而且是位出色的词作家，写出六百多首爱国爱民的作品，与当时的苏轼齐名。

辛弃疾自称"六十一上人"。他为什么把"六十一上人"作为自己的别号呢？

首先，在古代"上人"是对出家当和尚的僧人的尊称。

其次，"六十一"并不是指岁数。他之所以用"六十一"这个数字，是巧妙地隐含着自己的姓——"辛"字。这是个离合字，在字谜中常用。

按笔画，若将"辛"字一拆为三，是由"六"、"十"、"一"三个字组合而成的，所以"六十一上人"也就是"辛上人"。

边砍柴边张口笑——欣

xīn 欣

小篆 欣

隶书 欣

楷书 欣

  小篆的"欣"字是个左右结构的形声字兼会意字。左边的"斤"字读"jīn",作声符并表意。古代的"斤"字是象形字,字形像一把横刃的砍斧,本义指"砍木头的横刃砍斧",一般用来砍树用,表示跟"用斧砍树"有关。

  "欣"字右边的"欠"字读"qiàn",在甲骨文中是个象形字。字形像张口出气打呵欠的样子。隶变后的楷书写作"欠"。本义指"打呵欠",也泛指"舒气"。

  "斤"字与"欠"字组合,指"人在砍树劳作时发出欢呼声"。因是指"发出欢呼声",这与人张口舒气有关,所以古人用"欠"字作"欣"字的形符。

  古人为什么用"斤"字作"欣"字的声符呢?

  "斤"字指"横刃的斧子",是砍伐树木的工具。当伐木者在树林里劳动时,可能会因劳累而打呵欠,但更多的是边砍树边张口舒气,或放声呐喊歌唱,发出欢乐的笑声,所以古人用"斤"字作"欣"字的声符并会意。

  楷书的字形由小篆演变而来,写作"欣"。

  "欣"字的本义指"喜悦、高兴",如:欣喜、欢欣鼓舞、欣然同意、欣赏、欣然有喜、欣喜若狂、欣欣向荣、十分欣慰。

为人处事，不欠斤两——欣

民国年间，南京夫子庙有个测字大师叫胡铁嘴，他测字有个习惯：先观察求测者的言谈举止，判断他的道德修养及社会地位。

这天，来了位衣着考究、油头粉面的中年人。他人未坐下，拿起桌上的抹布掸椅子，又随手擦皮鞋，这才撩起长袍坐了下来。

胡铁嘴问："先生，想测什么字，什么事？"

此人答道："敝人姓李，名欣，想测测婚姻跟前程。那就为我测个'欣'字吧。家父说此字欣欣向荣，将来必定兴旺发达。"

胡铁嘴写了个"欣"字道："这'欣'字确实有'欢欣、欣喜'之义。右边的'欠'字加'口'为'吹'，指'人张口舒气，呼喊欢笑的样子'，凡此是从字义上讲的。从字音上讲，'欣'与'辛苦'之'辛'、'幸福'之'幸'、'新旧'之'新'同音。人生在世，有辛苦，也有幸福，或先辛苦，后幸福，你的祖先为你创下的产业，让你享福。你也可能先享福后辛苦，你的事业尚未创立，还要再辛苦一番。若说到婚姻，'新'字就不吉利啰，万万不可喜新厌旧。'欣'字去'斤'换'土'为'坎'，那是你人生的一道坎啊！"

李欣道："你只测了半个'欣'呀，还有'斤'呢？"铁嘴道："'欣'字左侧'斤'字做'刀斧'讲，此字有凶相。以我之见，对你来说，应该称'重量'的'斤'字讲。无论你测婚姻大事或事业前程，关键是你为人。为人好，女家上门求亲；为人厚道，有人上门聘请，道理何在？全在'欣'字上。'欣'字有'不欠斤两'之义，这'斤两'可指债务，也可指人情。与人讲道义，不欺人，不自吹，讨人喜，受人敬，为人处事，不欠斤两，方可欣欣向荣万事兴。"

李先生丢下几文钱，似懂非懂地走了。胡铁嘴目送着他，将那抹布随手扔了。那块抹布本是用来擦茶杯的，被他擦过鞋子了。